Peter Gay

»Ein gottloser Jude«

Sigmund Freuds Atheismus und die Entwicklung der Psychoanalyse

Aus dem Amerikanischen von
Karl Berisch

S. Fischer

Deutsche Erstausgabe
Die amerikanische Originalausgabe mit dem Titel
›A Godless Jew; Freud, Atheism, and the Making of Psychoanalysis‹
erschien 1987 im Verlag Yale University Press, New Haven und London,
in Gemeinschaft mit der Hebrew Union College Press, Cincinnati

Umschlaggestaltung: Buchholz/Hinsch/Walch
Satz: Wagner GmbH, Nördlingen
Druck und Bindung: Franz Spiegel Buch GmbH, Ulm
Printed in Germany 1988
ISBN 3-10-025902-5

Für
Hank Gibbons
Mit-Enthusiast, Mit-Skeptiker

Inhalt

»Ganz nebenbei, warum hat keiner von all den Frommen die Psychoanalyse geschaffen, warum mußte man da auf einen ganz gottlosen Juden warten?«

Sigmund Freud an Oskar Pfister
9. Oktober 1918

Vorwort und Danksagung

Dieses Buch ist aus den Vorlesungen hervorgegangen, die ich am 1., 4. und 8. Dezember 1986 am *Hebrew Union College* in Cincinnati abhielt *(Gustave A. and Mamie W. Efroymson Memorial Lectures)*. Ich habe einiges erläuterndes Material, Anmerkungen, einen bibliographischen Essay und eine Einleitung hinzugefügt, wie ich sie gehalten habe. Es ging mir letzten Endes um ein einziges Argument, und ich fand, daß eine informelle Darstellungsart am besten dafür geeignet war, auch in Buchform.

Das Thema dieser Vorlesungen mag für ein theologisches Seminar überraschend sein. Sicher, Theologen haben Jahrhunderte hindurch Gefallen daran gefunden, über den Unglauben zu diskutieren, um ihr dialektisches Geschick zu schärfen, oder vielleicht, um Holz für den Scheiterhaufen zu sammeln, der den Unbußfertigen erwartet. Aber es gibt andere, und ich glaube, triftigere Gründe dafür, in einem theologischen Seminar über Freuds Atheismus nachzudenken und über dessen Bedeutung für seine Schöpfung, die Psychoanalyse. Die historische Spannung zwischen Wissenschaft und Religion ist weitaus komplizierter, als die meisten Gläubigen oder Ungläubigen erkannt haben; und wie wir sehen werden, gehörte

Freud zu denen, die diesen Schwierigkeiten nicht Rechnung trugen. Und einige, die ihm nahestanden, Mitglieder seiner Familie, waren sich durchaus nicht im klaren über Freuds Standpunkt. Sein Neffe Harry Freud zum Beispiel sprach ihm sogar den Status eines Atheisten ab; andere, ihm ebenso nahe oder noch näher, wie seine Tochter Anna, nahmen die Psychoanalyse als jüdische Schöpfung in Anspruch. Solche Widersprüche in Beurteilung und Interpretation gibt es in Hülle und Fülle, und ich habe dieses Buch geschrieben, um zu ihrer Lösung beizutragen.

Es war mir ein besonderes Vergnügen, die Vorlesungen zu halten und zu schreiben. Es wäre ungerecht, einige wenige aus dem Kreis derer hervorzuheben, die unsere Woche auf dem Campus des *Hebrew Union College* so angenehm machten, aber ich möchte doch besonders Professor Michael J. Cook erwähnen, der uns von unserer Ankunft bis zum Abflug in seine freundliche Obhut nahm und sich um jede mögliche Einzelheit kümmerte. Professor Michael A. Meyer stellte die richtigen Fragen, was auf den Text meines Buches nicht ohne Einfluß geblieben ist. Fred und Dee Gottschalk, der Präsident des Hebrew Union College und seine Gattin, taten ein übriges, unseren Aufenthalt unvergeßlich zu machen.

Ich skizzierte die erste Fassung des Buches im Sommer 1986 in der förderlichen Atmosphäre des *Churchill College* in Cambridge, England, und empfing manche sehr notwendige Unterstützung, technisch wie moralisch, von alten und neuen Freunden: Stefan Collini und Ruth Morse, Jay und Tami Winter, Quentin Skinner und Susan James, Harold James und Steven Beller und Wallace MacCaffrey. Ich möchte auch Mark Paterson von den *Sigmund Freud Archives* danken, der, kundig unterstützt von Jo Richardson, mir Zugang zu den Freud-Schätzen gewährte und mir gestattete, daraus zu zitieren. Dank schulde ich ferner Pearl King, Honorar-Archivarin der *British Psycho-Analytical Society,* London, für die Erlaubnis, den Briefwechsel zwischen Anna Freud und Ernest Jones zu benutzen, und Jill Duncan, Geschäftsführerin des Archivs, für ihre Hilfe; ferner David L. Newlands, Kurator des Freud-Museums in London, und Steve Neufeld für den außergewöhnlich herzlichen Empfang und die Erlaubnis, mich ihrer Freud-Bestände zu bedienen. Ich bin weiterhin zu Dank verpflichtet Dr. Ronald S. Wilkinson von der Manuskript-Abteilung der *Library of Congress,* der mir bei meinen Forschungen in der prachtvollen *Freud Collection* liebenswürdig und nutzbringend zur Hand ging. Dr. Anna K. Wolff ließ mich freundlicherweise aus einem Brief Freuds an ihren Vater Ernst Kris zitieren. Dank schulde ich auch meinem alten Freund Bob Webb für rechtzeitige Hilfe und Jim Lochart für seinen Beistand. Meine alte Freundin Gladys Topkis erwies sich, wie erwartet, als umsichtige und generöse Lektorin, und die Korrekturen des scharfäugigen Lawrence Kenney bewahrten mich vor einigen Fehlern, die mir nicht unterlaufen durften. Meine Frau Ruth hat nicht nur meine Vorlesungen gehört, sondern auch mein Buch Kapitel für Kapitel gelesen, wofür ich ihr dankbar bin. Und schließlich danke ich meinem Freund Hank Gibbons, dem ich dieses Buch widme. Er wird wissen, warum.

Einleitung

Wissenschaft gegen Religion – *»Der Klerikalismus, das ist der Feind!«*

In einer seiner Schriften über die psychoanalytische Technik erzählt Sigmund Freud die hübsche Geschichte von einem Versicherungsagenten und einem Pfarrer. Er wollte damit die Therapeuten vor Kompromissen in technischen Fragen warnen, aber sie illustriert gleichzeitig die Stärke, den schieren Überschwang von Freuds Atheismus. Ein Versicherungsagent, todkrank, willigt auf das Drängen seiner frommen und verängstigten Familie ein, von einem Geistlichen aufgesucht zu werden. Die Familie verspricht sich von dessen Besuch die Bekehrung des Sterbenden, eines hartnäckigen Ungläubigen, damit er seinen Frieden mit Gott machen könne. Das Gespräch dauert lange, so daß die Angehörigen hoffen, er habe sich umstimmen lassen. Schließlich öffnet sich die Tür des Krankenzimmers, so beendet Freud seine Geschichte, der Ungläubige ist nicht bekehrt, aber er hat den Geistlichen versichert.[1]

In der Tat brachte Freud seinen Unglauben so oft zur Sprache, wie er dazu Gelegenheit fand oder herbeiführen konnte. Doch haben es bezeichnenderweise viele vorgezogen, solche Erklärungen zu ignorieren, sogar Mitglieder seiner eigenen Familie. »Sigmund Freud fühlte sich bewußt als Jude, aber er war durchaus anti-religiös, wenn auch auf keinen Fall Atheist«, sagte sein Neffe Harry Freud im Jahre 1956 einem Interviewer. »Es ist nur, daß er nicht viel von Riten und Dogmen hielt.«[2] Wenn sogar jemand, der ihm ziemlich nahestand, die Kühnheit hatte, Freuds ausdrücklicher Aussage zu widersprechen, noch dazu einer so gewichtigen, dann ist es kein Wunder, daß sich die Spekulationen über Freuds Judentum und darüber hinaus über die Beziehungen zwischen Psychoanalyse und Religion im Laufe der Jahre vermehrt und verästelt haben. Die Konflikte, in die Leser von Freuds Schriften verstrickt worden sind, haben einige interessante Fragen über Freuds Geisteshaltung und die Wesensart der Psychoanalyse unbeantwortet gelassen. Ich habe dieses Buch geschrieben, um sie aufzuwerfen und einige Antworten anzubieten.

Diese Fragen sind deshalb so schwierig, weil sie einen denkbar weiten Rahmen umspannen, nämlich die verworrene Geschichte der Beziehungen zwischen Religion und Wissenschaft seit den Tagen Newtons. Freud selber hat zugegebenermaßen das Seine getan, diese Verwirrungen zu vermehren, zumindest nicht zu entwirren. In seinen vertraulichen Kommentaren zur Entwicklung der wissenschaftlichen Weltanschauung, der er so fest anhing, fand er sich, was selten geschah, auf der Seite der herkömmlichen Weisheit. In der christlich-europäischen Kultur, bemerkte er, habe die Religion nicht mehr den gleichen Einfluß auf die Menschen, den sie früher zu haben pflegte. Diese Wendung zum Säkularismus sei erfolgt, nicht weil die »Versprechungen der Religion« geringer geworden seien, sondern weil sie dem Geist des zwanzigsten Jahrhunderts weniger »glaubwürdig« erscheinen. Eine mächtige und, wie Freud meinte, ganz offensichtlich stark bewegende Kraft dieser modernen Skepsis war die Verstärkung des wissenschaftlichen Geistes in den höheren Gesellschaftsschichten. Für Freud war die Konfrontation von Religion und Wissenschaft eine reine und andauernde Gegnerschaft. »Die Kritik hat die Beweiskraft der religiösen Dokumente angenagt, die Naturwissenschaft die in ihnen enthaltenen Irrtümer aufgezeigt, der vergleichenden Forschung ist die fatale Ähnlichkeit der von uns verehrten religiösen Vorstellungen mit den geistigen Produktionen primitiver Völker und Zeiten aufgefallen.«[3]

Freud sah diese Säkularisierung als eine langsame, quälende, doch auf die Dauer äußerst dramatische Evolution. »Der wissenschaftliche Geist erzeugt eine bestimmte Art, wie man sich zu den Dingen dieser Art einstellt; vor den Dingen der Religion macht er eine Weile halt, zaudert, endlich tritt er auch hier über die Schwelle. In diesem Prozeß gibt es keine Aufhaltung, je mehr Menschen die Schätze unseres Wissens zugänglich werden, desto mehr verbreitet sich der Abfall vom religiösen Glauben, zuerst nur von den veralteten, anstößigen Einkleidungen desselben, dann aber auch von seinen fundamentalen Voraussetzungen.«[4] Noch während er diesen historischen Überblick gibt, läßt Freud eine gewisse Vorsicht walten; er war glücklich, gemeinsam mit anderen Kommentatoren eindrucksvolle Fortschritte für die »Truppen« der Säkularisierung beanspruchen zu können, doch wollte er sich keinem bequemen Optimismus hingeben. »Der Kampf des wissenschaftlichen Geistes gegen die religiöse Weltanschauung ist noch nicht zu Ende gekommen, er spielt sich noch in der Gegenwart unter unseren Augen ab.«[5]

»Frontberichte« solcher Art waren bereits bei Kulturkritikern und -historikern vor Freuds Zeiten Gemeinplätze gewesen. Gewiß war die von ihm dekretierte unüberbrückbare Kluft zwischen Wissenschaft und Religion weder neu noch besonders originell. Die Jahrzehnte zwischen der Französischen Revolution und dem Ausbruch des Ersten Weltkrieges gleichen einem großen Schlachtfeld, das mit den Leichen abgenutzter Glaubensbekenntnisse und moderner Ketzereien übersät ist und von den heroischen Possen neuer Sekten belebt wird. Diese Metaphern, dem Vokabular militärischer oder sportlicher Kämpfe entlehnt, sind zwar ziemlich müde Ladenhüter, trotzdem werde ich sie mein ganzes Buch hindurch immer wieder benutzen, denn sie übermitteln treffend die Atmosphäre und, noch besser, das Vokabular der streitenden Parteien. Freud selber nannte die Religion kurzweg den »Feind«. Und so ist es nicht zu vermeiden, daß dieses Wort auf diesen Seiten öfter erscheint.

Freud befand sich damit in guter Gesellschaft. Zwei der charakteristischsten und populärsten Polemiken vom Ende des neunzehnten Jahrhunderts, *History of the Conflict between Religion and Science* von William Draper und *History of the Warfare of Science with*

Theology in Christendom von Andrew Dickson, verraten schon mit ihren kriegerischen Titeln eine damals tiefempfundene und weitverbreitete Empfindung. Und auch solche, die auf die Sprache des Krieges verzichteten, sahen sich in einem Kampf bis zum Ende begriffen, einem Kampf, der überdies bereits seit vielen Jahrzehnten wütete. Im Sommer 1873 – es war das Jahr von Freuds Immatrikulation in Wien – schrieb einer der tapfersten Kämpfer im Heere der Säkularisation, T. H. Huxley, an seine Frau: »Die Rolle, die ich zu spielen habe, ist nicht die, eine neue Schule des Denkens zu gründen oder die Widersprüche der alten Schule zu versöhnen. Wir stehen inmitten einer gewaltigen Bewegung, größer als die, welche der Reformation voranging und sie zur Folge hatte, und tatsächlich nur die Fortsetzung jener Bewegung.« Die Ideen, »die der Bewegung zugrunde liegen«, seien alles andere als neu, aber soviel schiene ihm klar: keine »Versöhnung« sei »zwischen dem freien Denken und der überlieferten Autorität möglich. Das eine oder das andere wird nach einem Kampf von nicht bekannter Dauer unterliegen müssen«. Huxley hatte die volle Zuversicht, daß seine Seite, »das freie Denken«, indem es »das menschliche Leben und die Welt als ein harmonisches Ganzes organisiere, letztlich siegen« werde. Doch er glaubte auch, daß vor der endgültigen Niederlage der Autorität die Welt »ungeheure politische und soziale Unruhen« erleben werde.[6] Den Zeitgenossen schien dieses Vokabular des Krieges ganz selbstverständlich.

Natürlich wurde dieser Krieg auch von Waffenstillständen unterbrochen; es gab Kompromisse nicht weniger als Konfrontationen. Aber die Konfrontationen hörten nicht auf, da die Kompromisse nur selten annehmbare und dauernde Vereinbarungen zeitigten. Das neunzehnte Jahrhundert war vielleicht nicht frömmer als das achtzehnte, aber man ging mehr in die Kirche. Das galt besonders für die »respektablen« Klassen. »Die meisten Gebildeten in unserer Zeit (zum Unterschied von der ungebildeten Masse)«, schrieb Ende des Jahrhunderts der antiklerikale Sozialdarwinist Ernst Haeckel, »verharren in der Überzeugung, die Religion sei ein besonderer Zweig unseres geistigen Lebens, unabhängig von der Wissenschaft und nicht weniger wertvoll und unentbehrlich.«[7] William James hatte einige Jahre lang eine solche »Arbeitsteilung« vorgeschlagen. Doch beachtliche Zentren von Antiklerikalismus und säkularistischer Verachtung jeglicher Religion lagen über die Landkarte der europäischen Kultur verstreut. Sie waren wahrscheinlich am stärksten in Frankreich erkennbar, doch überall hatte das Christentum, besonders nach Darwin, aufsehenerregende Abfallbewegungen zu vermelden. Edmund Gosses bewegende Autobiographie *»Father and Son«* mit dem berühmten Bericht über seinen Glaubensverlust, als er dem kläglichen Fundamentalismus seines Vaters Trotz bietet, ist nur die bekannteste von vielen Geschichten über Desertionen aus dem Glauben im neunzehnten Jahrhundert. Aber den Ungläubigen boten die Frommen Trotz; zu den vielen, die nie geschwankt hatten, gesellten sich jene, die unter das schützende Dach des

Glaubens zurückkehrten oder wenigstens zu der Überzeugung seiner Nützlichkeit. Die verwirrenden Umwälzungen der Französischen Revolution und der nicht weniger verwirrenden napoleonischen Folgezeit brachten der Frömmigkeit neue überzeugte Anhänger.

Die Kämpfer auf beiden Seiten waren sich bewußt, daß es um hohe Dinge ging. Biologen, Pädagogen, Journalisten, Politiker waren tief in den Streit verstrickt. Wohin auch der Historiker blickt, er sieht Meinungsverschiedenheiten über die Natur Gottes und die Macht der Kirche all die Jahrzehnte hindurch, in denen Freud heranwuchs, auf die Universität ging, sich als Arzt niederließ und die Psychoanalyse entwickelte. Auch sein Elternhaus blieb von diesen Spannungen nicht verschont, als sich sein Vater, Jacob Freud, allmählich von dem Glauben seiner Ahnen löste. Diejenigen, die von den politischen und sozialen Veränderungen erschreckt waren, setzten liberale Theologie mit Atheismus gleich und Atheismus mit revolutionärem Jakobinertum. Der Unglaube trug das Stigma des Umsturzes und wurde wie dieser gefürchtet.

Aber die Armeen des Glaubens behielten nicht völlig die Oberhand; sie konnten die Flut des Säkularismus verlangsamen, doch nie ganz zum Stillstand bringen. Die Signale zeigten verwirrenderweise in entgegengesetzte Richtungen. Die Fürsprecher der Religion mochten kraftvolle Missionen daheim und in Übersee organisieren oder zahlreiche päpstliche Enzykliken über alle Aspekte des Lebens aufbieten, um zu demonstrieren, daß die Religion noch sehr lebendig war. Doch ihre gottlosen Gegner konnten diese Manifestationen zu ihren Gunsten auslegen: Die Missionen unterstrichen nur die Entfremdung der Massen in Europa oder der fremden Kulturen vom Christentum, und die Tätigkeit des Papstes sei nur ein Zeichen der Verzweiflung. Zwar ging die Mittelklasse nach wie vor in die Kirche, ein unzweideutiger Beweis, daß der Atheismus noch nicht triumphiert hatte. Die militanten Ungläubigen hatten indessen noch mehr Material zur Stärkung ihrer Kampfkraft aufzubieten: den Mangel an Glauben bei vielen Naturwissenschaftlern, die heftige antiklerikale und antireligiöse Propaganda, die von den Sozialisten und radikalen bürgerlichen Publizisten und Politikern ausging. Léon Gambetta, Mitbegründer der Dritten Republik in Frankreich, sprach beredt für die Partei der Wissenschaft, wenn er den »Klerikalismus« in einer berühmten Bemerkung ganz einfach als den »Feind« bezeichnete.

Kein Wunder, daß das von Sorgen erschütterte religiöse Establishment auf Abwehr sann. Vorschläge für Revisionen der Doktrin oder kirchliche Reformen, mochten sie noch so vernünftig oder bescheiden sein, lösten schnell gereizte Widerlegungen seitens solcher Gläubigen aus, die nicht willens waren, denen, die von den berüchtigten Lehren der Aufklärung nur im geringsten infiziert waren, irgendwelche Zugeständnisse zu machen. Inmitten all dieser Unversöhnlichkeit hatten Gemäßigte und solche, die vermitteln wollten, eine undankbare Aufgabe. Liberale Anglikaner mußten mit den ernsthaften Vorwürfen der High Church rechnen, die Mitglieder der katholisierenden Oxford-Bewegung in ihren Reihen hatte; orthodoxe Juden begegneten mit Schrecken und hartnäckigem Widerstand den Neuerungen der Reformgemeinden, die im Sinn hatten, sich der westlichen Kultur und den Ideen des neunzehnten Jahrhunderts anzuschließen. Französische liberale Katholiken wurden vom Vatikan zur Ordnung gerufen und unterdrückt, weil sie es gewagt hatten, ihren Glauben mit modernen Gedanken zu durchsetzen. Im Paris von 1830 hatte der für seine treffenden Schlagworte bekannte Abbé Lammenais verkündet, daß Gott und Freiheit zu vereinen seien und ein katholischer Liberalismus entwicklungsfähig sei. Aber erst 1864 hielt es Papst Pius IX, der bei seiner Wahl fast zwei Jahrzehnte vorher kurze Zeit mit liberalen Ideen geliebäugelt hatte, für notwendig, seinen nachdrücklichen »Syllabus«, den Katalog der Zeitirrtümer, zu verkünden, jenes berühmte Dokument des Widerstandes gegen die Moderne. Diese Enzyklika bot Kompromissen keine Handhabe; sie verdammte, in den rigidesten Einzelheiten, alle Positionen von Freigeisterei und Liberalismus bis zu Rationalismus und Kommunismus.

Wie die Entwicklung in England deutlich zeigt, war der Fortschritt des säkularen Geistes keineswegs geradlinig. Das religiöse und politische Establishment zögerte jahrzehntelang, Dissenters, Katholiken und schließlich auch Juden gleiche Rechte zu gewähren oder die Universitäten auch solchen Studenten zu öffnen, die sich nicht zu den neununddreißig Artikeln der Anglikanischen Kirche bekannten. Doch auch in Großbritannien waren die Erben der Aufklärung im Anmarsch. Gegen Ende des Jahrhunderts mußte man sogar im Vatikan zugeben, daß der Liberalismus, besonders wenn er sich mit empfindlichen Fragen der sozialen Wohlfahrt befaßte, nicht ganz des Teufels war. Wenige Jahre später, 1908, bemerkte der Pfarrer und liberale Politiker Friedrich Naumann in einer Mischung von Stolz und Resignation, die Menschen seiner Zeit hätten eine etwas andere Phantasie als die früherer Zeiten, und »die neue Phantasie ist in der Tat durch die Schule der Naturwissenschaft gegangen«.[8]

Aber jeder Bodengewinn, den der Säkularismus vermelden konnte, war heiß erstritten und wurde oft am Ende teilweise wieder aufgegeben. Das Christentum gewann (oder hat sie in vielen Fällen nie aus ihrem Griff entlassen) eine Anzahl von Radikalen: In vielen westlichen Ländern boten christliche Sozialisten eine bestechende Alternative für viele Männer und Frauen guten Willens, die empfindlich gegen die Verheerungen des industriellen Kapitalismus, doch erfüllt von dem Willen zu glauben waren. Während in Deutschland führende Sozialdemokraten wie August Bebel jede Gelegenheit wahrnahmen, die Religion anzugreifen, bezeichneten viele ihrer Genossen den ausgesprochen aggressiven Antiklerikalismus und Atheismus der Partei als zugleich moralisch kränkend und politisch unklug.[9] Die lebhaften, anspruchsvollen und meist verworrenen Debatten, die hochgebildete Deutsche und österreichische Landsleute Freuds um die Jahrhundertwende über das Wesen der Seele und die Notwendigkeit des Glaubens an höhere geistige Kräfte führten, sollten vor der Vormachtstellung des nüchtern wissenschaftlichen Geistes unter den Gebildeten warnen. Sogar Frankreich, das Land der Revolution, erlebte eine beträchtliche katholische Wiederbelebung unter den gelehrten Männern, als die antiklerikale Dritte Republik Gestalt annahm.[10] Es sind unentschiedene Evolutionen wie diese, die Freud noch viel später zu der Bemerkung veranlaßten, daß der Krieg zwischen Religion und Wissenschaft noch kein Ende gefunden habe.

Während Freud nicht umhin konnte, die fortdauernde Macht der Religion über seine Zeit und Kultur zu erkennen, ließ er die zahlreichen Verflechtungen außer acht, die ich soeben angedeutet habe. Seiner starren Auffassung der historischen Konfrontation, in der gebildete Atheisten ungebildeten Gläubigen gegenüberstanden, mangelt die Subtilität, an der er es bei der Analyse von Neurosen selten fehlen ließ. Manchmal unternimmt er einen Vorstoß zu feineren Unterscheidungen. Es bliebe zu erwägen, schrieb er 1927 an den Psychoanalytiker Max Eitingon, ob die Analyse *an sich* wirklich zur Preisgabe der Religion führen müsse.[11] Im folgenden Jahr schrieb er an seine »liebe Marie«, die Fürstin Marie Bonaparte: »Sie haben recht, man ist in Gefahr, die Häufigkeit einer irreligiösen Haltung bei Intellektuellen zu überschätzen. Ich werde davon gerade jetzt überzeugt, da ich die Reaktion auf meine [*Zukunft einer*] *Illusion* beobachte. Das kommt von den sehr unterschiedlichen Tränken, die unter dem Namen ›Religion‹ angeboten werden, mit einem Minimum von Alkohol – tatsächlich alkoholfrei, aber sie werden immer noch davon betrunken.« Freud konnte seine Verachtung für solche Schwachköpfe kaum unterdrücken. Die alten Trinker seien immerhin eine ehrenwerte Gesellschaft gewesen. Doch es sei, meinte Freud, ziemlich lächerlich, von Apfelsaft betrunken zu werden.[12] Das war amüsant und scharfsichtig, aber Freud hat selten solch eine nuancierte Analyse des Krieges versucht, in dem er eine so hervorragende und aggressive Rolle spielte.

Tatsächlich wurde der Kampf zwischen Religion und Wissenschaft im neunzehnten Jahrhundert – wie andere umfassende und scheinbar endlose Konflikte – von den Waffenstillständen, die ich erwähnte, nicht nur unterbrochen, sondern zugleich verkompliziert durch unerträgliche Zänkereien, durch seine lauwarmen »Sommersoldaten« und, am verwirrendsten, durch seine schwankenden und unzuverlässigen Partisanen. Viele gute Bürger blieben mit unbezweifelter Aufrichtigkeit ihrer ererbten Religion treu, während sie zugleich die Ketzereien der Geologen über das Alter der Erde und der Biologen über die tierische Natur des Menschen akzeptierten. Das waren die Leute, die angesichts der Krankheit eines Kindes in einem Atemzug zu Gott beteten und den Arzt kommen ließen. »Um die Mitte dieses Jahrhunderts« erinnerte sich Friedrich Engels im Alter, »mußte jedem gebildeten Ausländer, der seinen Wohnsitz in England aufschlug, die religiöse Bigotterie und Stupidität der englischen ehrbaren Mittelklasse auffallen.« Für Engels und seine Freunde, »alle Materialisten oder zumindest fortgeschrittene Freidenker«, schien es unbegreiflich, daß fast alle gebildeten Leute in England an jede Art unmöglicher Wunder glaubten. Sogar die Geologen, so bemerkte er bestürzt, »entstellten die Fakten ihrer Wissenschaft, um nicht zu sehr mit den Mythen des Buches der Genesis aneinanderzugeraten«.[13] Engels verfuhr mit der englischen Mittelklasse besonders streng; er hätte ähnliche Beispiele auch bei der französischen, der deutschen oder amerikanischen Bourgeoisie finden können. Überdies hielten viele lange Zeit das, was man unbestimmt als »liberale« Religion bezeichnet, für durchaus vereinbar mit wissenschaftlicher Forschung. Aber wo und wie auch immer die hartnäckige Abwehr sich zeigte, die es den Gebildeten möglich machte, in einem Teil ihres Kopfes etwas zu glauben, was ihnen in anderen Teilen nachweislich als absurd erschien, war es für einen Kriegskorrespondenten, der über die großen Schlachten zwischen Wissenschaft und Religion schrieb, sehr schwierig, verständliche Berichte zu verfassen.

Im Laufe der Jahrzehnte gaben die aufsehenerregenden Fortschritte der Medizin und Naturwissenschaft dem Unglauben eine unleugbare Überlegenheit. Während der Widerstand gegen die säkulare Denkweise nicht zerfiel oder verschwand, erschien es als ein Gebot politischer Klugheit, mehr und mehr Zugeständnisse an den säkularen Geist zu machen. »Wer immer Gelegenheit hatte, die Geistesverfassung der Intelligenz in Europa und Amerika kennenzulernen«, schrieb 1874 frohlockend der Mediziner und Kulturhistoriker John William Draper, »muß einen starken und schnell zunehmenden Abfall vom offiziellen religiösen Glauben bemerkt haben. Während die Freimütigen diese Divergenz nicht verheimlichen, gibt es eine weit umfangreichere und gefährlichere private und unbemerkte Loslösung.«[14] Schon der Name dieses sich mehr und mehr ausbreitenden Kultes, »Christliche Wissenschaft«, bezeugte das überlegene Prestige der Naturwissenschaftler, genauso wie das angegebene Ziel der Theosophie, das sich, in Madame Blavatskys mitreißender Formulierung, als nicht weniger denn eine Synthese von Wissenschaft, Religion und Philosophie ankündigte. »Unter allen gesunden Symptomen, die unser Zeitalter kennzeichnen«, schrieb 1881 William James, »weiß ich kein gesünderes als den Eifer, mit dem Theologen sich die Ergebnisse der Wissenschaft zu eigen machen und auf die Schlußforderungen von gelehrten Männern hören. Heute findet man mehr Gehör, wenn man Darwin und Helmholtz anführen kann, als wenn man nur Schleiermacher oder Coleridge zitiert.«[15]

Solche Versuche einer Versöhnung, oder zumindest neuer Begriffsbestimmungen des großen Streites, waren nicht den verwirrten oder geschickten Theologen vorbehalten, die sich an die Rockschöße der Wissenschaft klammerten. Gerade die Autoren, deren kriegerische Titel ich zitierte – *Conflict Between Religion and Science* und *Warfare of Science and Theology* –, boten sich unverhofft zu einer Schlichtung an. Draper sah den »Antagonismus« zwischen Religion und Wissenschaft als einen im wesentlichen politischen. Der Kampf, der seine Zeit bestimmte, führte er aus, sei »die Fortführung eines Kampfes, der begann, als das Christentum politische Macht erlangte«. Der Feind, kurz gesagt, war der römische Katholizismus, machthungrig, bildungsfeindlich, blutdürstig, darauf aus, Märtyrer der Wissenschaft zu schaffen, wann immer es seine Herrschaft sicherte. »Das römische Christentum und die Wissenschaft werden von ihren jeweiligen Anhängern als absolut unvereinbar betrachtet«, verkündete Draper, »sie können nicht zusammen existieren; eins muß dem anderen weichen: die Menschheit muß wählen – sie kann nicht beide haben.« Er meinte, der Protestantismus sei glücklicherweise in einer weit günstigeren Position. Wenn die protestantischen Kirchen nur Luthers Maxime gemäß handelten, wenn sie nur »das Recht der persönlichen Auslegung der Heiligen Schrift, der wahren Grundlage unserer geistigen Freiheit«, anerkennten, könnten sie sich mit der Wissenschaft versöhnen.[16] Als eine seltsame Mischung von pantheistischem Naturverehrer und ehrfürchtigem Deisten griff Draper nicht den religiösen Glauben selbst an. Tatsächlich wandte er sich nicht einmal gegen das Christentum, obwohl sein *Conflict between Religion and Science* die Auszeichnung erhielt, auf den Index gesetzt zu werden.[17]

Andrew Dickson White wiederum war darauf bedacht, das Schädliche in der Geschichte der christlichen Praxis zu entdecken, um das Wertvolle zu retten. Als eminenter Diplomat, Universitätspräsident und Historiker kannte er jeden und, wie es scheint, alles. Der Krieg, über den White in zwei gewaltigen Bänden berichtet, sei im Grunde ein Kampf zwischen Bigotterie und Toleranz, Dogmatismus und Flexibilität. In seiner ein ganzes Leben währenden religiösen Erziehung, der er mehrere umfangreiche Kapitel seiner Autobiographie widmet, ließ White seinen Gesichtskreis durch Erfahrungen erweitern; doch er wendet sogleich ein, »keine Feindseligkeit gegen die Religion fand Platz in meinem Herzen«. Gewiß: »Niemals führte ich so etwas wie einen Angriff gegen das Christentum als solches oder gegen irgend etwas, das für es entscheidend ist.«[18] White wollte nur für die Sache der freien Forschung eintreten und die Menschen zum Denken anhalten. Dann »würden sie mehr auf das Nachdruck legen, was im Christentum beständig ist, und weniger auf das Vergängliche, mehr auf seine allgemeingültigen Wahrheiten und weniger auf die Glaubenssätze, Formen und Riten, in denen jene Kostbarkeiten verborgen sind«. White kam zu der Überzeugung, »was die Welt braucht, ist eher mehr Religion als weniger; mehr Ehrfurcht vor der Menschheit und weniger das Predigen von Dogmen«.[19]

Arm in Arm mit Draper, postulierte White so etwas wie einen Gott und stand ehrfürchtig, den Hut in der Hand, vor den glanzvollen Mysterien des Weltalls. Wie so viele in der großen Schar derer, die das Banner der Aufklärung, des Liberalismus und der Wissenschaft vor sich hertrugen, waren er und Draper von dem ozeanischen Gefühl der Ehrfurcht vor dem Universum durchdrungen, das Freud in sich nie entdecken konnte. Sie schätzten jenes undefinierbare Gefühl von Verbundenheit, das Freuds Bekannter Romain Rolland auf dem Grunde aller religiösen Gefühle wähnte. Freud bekannte ein Interesse, dieses Gefühl zu analysieren, hat es jedoch nicht wirklich respektiert. Es schmeckte für ihn wie alkoholfreier Apfelsaft, der wie ein unentdecktes Placebo wirken sollte, um einen Zustand religiösen Rausches herbeizuführen. Für Freud hieß wissenschaftlich sein nüchtern sein.

Wenn die populäre Darstellung der Spannungen zwischen Wissenschaft und Religion ihre Kompliziertheiten ihrer Geschichte grob vereinfachte, so hat eine weitverbreitete parallel laufende Geisteshaltung noch schlimmere Konfusion angerichtet: die Verwässerung des Begriffes »Religion« zu einer flachen, praktisch überall anwendbaren Metapher für jede Überzeugung, an der festgehalten und die hartnäckig verteidigt wird. Es lag nicht in Freuds Interesse, solche gefügigen Identifikationen zu unterstützen. Er konnte schließlich mit einem gewissen Stolz für sich in Anspruch nehmen, daß es die Psychoanalyse war, »die den letzten Beitrag zur Kritik der religiösen Weltanschauung geleistet hatte«.[20] Er war kein Marxist, doch stimmte er mit dem jungen Marx überein, daß »die Kritik der Religion die Voraussetzung jeder Kritik sei«[21], und die Kritik der Religion gebot die schärfste Trennung der Wissenschaft von der Religion in welcher Gestalt auch immer. Aber Freud wurde von seiner Gabe für lebendige Metaphern in die Falle gelockt. Er rief seinen »Gott Logos« an und verstreute andere der Theologie entlehnte Termini in seinen voluminösen Schriften. Als Medizinstudent pries er »unsere modernsten Heiligen wie Darwin, Haeckel usw.«[22], und in einem Brief an seine Braut Martha Bernays vom 28. Oktober 1883 nannte er Helmholtz, jenen Renaissance-Menschen der modernen Wissenschaft, »eines meiner Idole«.[23] Und noch schlimmer: 1899 schrieb er seinem Freund Fließ von der »Wissenschaftsreligion«, welche die alte Religion ersetzen solle.[24] Freuds eifrigste Anhänger ahmten ihn darin wie in so vielem anderen getreu nach; sie bezeichneten Kandidaten ihrer Wissenschaft als »Novizen«, Jung als einen »Schismatiker« und spürten in den Zusammenkünften der Wiener Psychoanalytischen Gesellschaft die fromme Atmosphäre einer religiösen Bruderschaft.

Aber für Freud waren seine der Religion entnommenen Metaphern nichts anderes als Bilder oder Vergleiche, so wie die, welche er dem Geschäftsleben, dem Reisen oder der Archäologie entlehnte. Es ist, zugegebenermaßen, riskant zu behaupten, Freuds kraftvolle und treffende Gleichnisse – ausgerechnet Freuds! – hätten keine geheimen Botschaften zu übermitteln. Schließlich hat Freud immer wieder und nachdrücklich betont, in der geistigen Welt gäbe es keine reinen Zufälle, keine Handlungen ohne Ursachen, und die Sprache, die man wählte, ganz gleich, wie alltäglich und banal sie sei, müsse zwangsläufig dem psychoanalytischen Untersucher unterirdische Bedeutungen bloßlegen. »Manchmal ist eine Zigarre auch nur eine Zigarre« – diese vernünftige, befreiende Warnung vor Überinterpretationen, die man Freud so oft zuschreibt, scheint dem Wunsch eines anonymen Scherzboldes entsprungen zu sein; aber er hätte es durchaus sagen können. Manchmal war eine Zigarre *wirklich* nur eine Zigarre, auch für Freud.

Doch die Kommentatoren seiner Gedankenwelt konnten nicht widerstehen, dieses lockere Gerede auszubeuten, und man sieht leicht, warum. Nichts würde Freuds Anspruch, einen neuen Zweig der Wissenschaft geschaffen zu haben, gründlicher zunichte machen als die Entdeckung, daß er nur eine neue doktrinäre Sekte begründet habe. Es ist nur zu verführerisch, Freud als den Pontifex der Psychoanalyse zu bezeichnen, die Gruppe, die seine nächsten Anhänger um ihn bildeten, als ein Kardinalskollegium, die grundlegenden Prinzipien der Psychoanalyse als ihre Glaubensartikel, Freuds Dispute mit Jung und Adler als Ketzertribunale und die Abtrünnigen selber als Apostaten. In der Tat haben Freuds Kritiker diese Metaphern mit kaum unterdrücktem triumphierendem Lächeln auf ihn verwandt. Nur einige Beispiele für viele: »Vielleicht war Freud«, schreibt einer von ihnen, »nicht genug auf der Hut vor den verderblichen Aspekten der Religion, denn die Psychoanalyse wurde für viele eine Ersatzreligion.«[25] »Freud«, schreibt ein anderer, »war ein ergebener Fortschrittsgläubiger und betrachtete die Wissenschaft als des Menschen einzige und ausreichende Quelle gültiger

Weisheit. Und obwohl er die Religion ableugnete, hatten sein missionarischer Eifer und das Gefühl, der Menschheit zu dienen, etwas Religiöses.«[26] Ein dritter sieht in der »Freudschen Religion« ein modernes Phänomen: »Jeder, der für aufgeklärt gelten konnte, beugte vor Freud das Knie, ehe er an seine Geschäfte ging. Die Psychoanalytiker wurden weitgehend die ›Hohenpriester‹ dieser neuen Religion.«[27] In seinem Buch *Freud and Religious Belief* erinnerte der englische Sozialpsychologe H. C. Philp an den Aphorismus eines französischen Autors des neunzehnten Jahrhunderts, Alphonse Karr: »Der Unglaube ist ein Glaube, eine sehr anspruchsvolle Religion«, und wendet diese Beobachtung auf die Psychoanalyse an. »Die Wissenschaft wurde Freuds Glaube«, glossiert Philp, »die Psychoanalyse seine Sekte. Was für Illusionen andere haben oder nicht haben mögen, seine Illusion war die Wissenschaft.«[28] Dagegen läßt sich kaum etwas einwenden. Schließlich konnte sogar Freuds guter Freund Oskar Pfister nicht umhin, ihm unverblümt vorzuhalten, er sei der Anhänger einer »Ersatzreligion«.[29]

Aber die Folgerung, die der Gleichsetzung von Psychoanalyse und Religion unterliegt, beruht auf psychologischen und soziologischen Annahmen, die nur scheinbar selbstverständlich sind. »Es muß zugegeben werden«, schrieb vor einigen Jahren Henry L. Roberts, ein hervorragender Kenner des sowjetischen Kommunismus, »daß eine ›säkulare Religion‹ durchaus keine offensichtliche Einheit ist.«[30] Genau, der Glaube ist kein geistiger Akt eines bestimmten

Typs: Die Gründe, die Logik, die Beharrlichkeit des einen Glaubens unterscheiden sich merklich von denen anderer. Der Glaube, daß es Gott gibt, und der Glaube, daß es das Unbewußte gibt, sind nicht, was immer scharfsinnige Kritiker auch sagen mögen, identische Aussagen: Sie beziehen sich auf ganz unterschiedliches Material und kommen zu ganz verschiedenen Ergebnissen. Doch der Begriff »Glaube« wurde ein bevorzugtes Opfer von Metaphern, die man wörtlich nimmt. Wenn John Stuart Mill von Gladstone der »Heilige des Rationalismus« genannt wurde, sollte es kaum nötig sein, darauf hinzuweisen, daß Gladstone in ihm keinen echten Heiligen sah, sondern mit diesem Beiwort die Lauterkeit von Mills Motiven und die reine Leidenschaft seines Reformwillens andeuten wollte.[31] Und wenn wiederum Edmund Gosse die »abscheuliche neue Religion der Wissenschaft« als eine tödliche Bedrohung aller Freiheit und Mannigfaltigkeit brandmarkte, äußerte er eine vage, in hohem Maße rhetorische Furcht über die religiöse Natur der Wissenschaft und bezog keine gründlich analysierte intellektuelle Stellung.[32]

Nicht alles war verantwortlungsloses Geschwätz. Es gab zu Freuds Lebenszeit Philosophen, die Bemerkungen über die Wissenschaft als Religion und über die Religion als Wissenschaft ganz ernst nahmen. Der eindrucksvollste unter ihnen war zweifellos William James, ein gleichermaßen hervorragender Philosoph wie Psychologe. Seine Gedanken sind von besonderem Interesse, wenn man sich mit Freuds Atheismus beschäftigt, denn die beiden Männer hatten, wenn auch im intellektuellen Zuschnitt verschieden, viel gemeinsam. James war schließlich ein berühmter Analytiker der Religion aus psychologischer Perspektive. Seine eindrucksvollen Gifford-Vorlesungen konzentrieren sich auf die religiöse *Erfahrung,* und ihr Untertitel »A Study in Human Nature« läßt keinen Zweifel, daß sich James mehr für die Beschaffenheit des menschlichen Geistes interessierte als für theologische Abhandlungen und ekklesiastisches Gefüge. Er und Freud teilten manchen Standpunkt.

Bezeichnenderweise zog es James und Freud gleichermaßen in die schattenhaften und gefährlichen Grenzregionen, wo sich Wissenschaft und Aberglauben treffen. »Warum werfen so wenig ›Wissenschaftler‹ auch nur einen Blick auf die sogenannte Telepathie?« fragte James in seinem berühmten Essay »The Will to Believe«.[33] Das war 1896. Zwei Jahrzehnte oder mehr später war Freud, der professionelle Skeptiker, einer der wenigen Seelenforscher, die dieses Wagnis auf sich nahmen.[34] Die Übereinstimmungen der beiden hörten damit nicht auf. Wie Freud nahm James seine Glaubenszeugen ernst, war aufgeschlossen für die Aussagen von Sonderlingen, Fanatikern und Visionären, zog seine eigenen Erfahrungen als Beweis heran; auch er frohlockte über die erstaunliche, unerschöpfliche Vielfalt menschlicher Erlebnisse, während er gleichzeitig darauf bedacht war, sie in eine Ordnung zu pressen. Tatsächlich scheint es sogar für einen verblüffenden Augenblick, als ob James und Freud in ihrer Diagnose dessen übereinstimmten, was es mit der Religion wirklich auf sich hat: Für Freud steht die Hilflosigkeit des Kindes als Grundursache für die ganze kunstvolle und umständliche theologische Maschinerie, die sich die Menschheit im Laufe der Zeiten ausgedacht hat. James seinerseits erklärt in seinen Vorlesungen über die Arten der religiösen Erfahrung: »Hier ist der wirkliche Kern des religiösen Problems: Hilfe! Hilfe!«[35]

Angesichts dieser keineswegs zu vernachlässigenden Übereinstimmungen sind die Unterschiede zwischen Freud und James um so lehrreicher. »Die ›Wissenschaft‹ nimmt in vielen Köpfen *tatsächlich* die Stelle einer Religion ein«, schrieb James, als wolle er sich mit dem allerstärksten Nachdruck von der säkularen Mentalität distanzieren, die Freud in aller Reinheit vertrat. »Wo dies so ist, behandelt der Wissenschaftler die Gesetze der Natur als objektive Fakten, die *verehrt* werden müssen.«[36] Die Kursivierungen sind von mir, der Nachdruck ist von James. Mit der abschätzigen Miene, die er annahm, wenn er mit leidenschaftlichen Anhängern der Wissenschaft argumentierte, entdeckte James in ihnen eine verborgene, unwürdige, reduktionistische Religiosität: »Gewisse Positivisten liegen uns ständig damit in den Ohren, daß inmitten der Trümmer aller anderen Götter und Idole eine Gottheit noch aufrecht steht – daß ihr Name ›Wissenschaftliche Wahrheit‹ lautet«, die ihren Anhängern gebietet, keine Theisten zu sein. »Diese höchst gewissenhaften Herren glauben, sie springen über ihren eigenen Schatten« und lösten sich von den Fesseln ihrer »subjektiven Neigungen«. Aber »sie sind betrogen«. Sie haben nur unter diesen »Neigungen« gewählt, »um aus den gegebenen Materialien das gemeinste, niedrigste, unfruchtbarste Ergebnis zu konstruieren – die nackte molekulare Welt – und sie haben alles andere dem aufgeopfert«.[35] Der Darwinismus im besonderen, meinte James, hatte die Grundlage geschaffen »für eine Art Religion, die das Christentum aus dem Denken eines großen Teiles unserer Generation verdrängt hat«.[38] Freud, der in seiner Bewunderung für Darwin hinter keinem zurückstand, hätte dessen Einfluß auf sich und seine Generation bestätigt, doch den Vorwurf zurückgewiesen, die wissenschaftliche Haltung sei eine Form der Verehrung, dazu einer reduktionistischen Verehrung.

James war der Wissenschaft zum Trotz ein religiöser Mensch, nichts Göttliches war ihm fremd. Die Göttlichkeit, die er für sich selber zimmerte, war wie keine andere eine ganz individuelle Schöpfung, eine Göttlichkeit, die menschliche Hilfe brauchte. »Wir und Gott«, entschied er, »benötigen einander«, und er fragte sich laut: »Wer weiß, ob die Treue der Einzelwesen hier unten zu ihrem eigenen armen Aberglauben nicht wirklich Gott helfen mag, seinerseits seinen eigenen größeren Aufgaben stärker treu zu bleiben?«[39] In seinem pragmatischen Universum mußte jeder, die Gottheit selber einbegriffen, mitarbeiten, damit die Dinge geschehen. So beeindruckt, wie Freud von James war, hätte er diese Zeilen gelesen, so wären sie ihm als ein Beweis mehr dafür erschienen, daß Philosophen wirklich nichts Brauchbares oder auch nur Verständliches zu sagen haben.

James, der die religiöse Erfahrung als nicht nur interessant, sondern als im wesentlichen gültig, als Trägerin tiefster Wahrheiten respektierte, konnte, wie zu erwarten, das Selbstbewußtsein moderner Wissenschaftler nicht ertragen. Sie erhoben »verfrühte« Ansprüche auf ein Wissensmonopol. »Das Universum«, wandte er ein, ist »eine vielseitigere Angelegenheit, als irgendeine Sekte, auch die wissenschaftliche, zugibt.«[40] Die Anmaßung derer, die sich »medizinische Materialisten« nannten, irritierte ihn; sie sind, schrieb er mit gewohnter Vehemenz, »nur verspätete Dogmatiker«.[41] Er machte der Wissenschaft nicht ihren Anteil an bedeutenden Entdeckungen über die menschliche Natur streitig; James war nicht umsonst ein glänzender Psychologe. Seine wohldurchdachten Essays über Walt Whitman und die heilige Theresa, zwei ausgesprochene Bekenner, die sein Interesse erregten, aber nicht seine uneingeschränkte Bewunderung, sind vorzügliche Beispiele von James' wissenschaftlicher Phantasie. Nicht weniger sind es seine Exkursionen in die Analyse der pathologischen Depression, die sich als religiöse Melancholie tarnt, und seine Entwicklungsgeschichte innerer Konflikte.[42] Er konnte ausgesprochen lyrisch werden, wenn er die triumphalen Erfolge betrachtete, deren sich die moderne Wissenschaft mit Recht rühmen konnte: »Wenn man sich dem großartigen Gebäude der Naturwissenschaften zuwendet und sieht, wie es errichtet wurde; wieviel Tausende von selbstlosen moralischen Menschenleben allein in den Fundamenten begraben liegen; wieviel Geduld und Ausdauer, wieviel

Hintanstellung und Unterwerfung unter die unbarmherzigen Gebote äußerer Umstände in Steine und Mörtel eingegangen ist; wie absolut unpersönlich es in seiner Erhabenheit dasteht – wie töricht und verächtlich erscheint uns dann doch jeder kleine Sentimentalist, der daherkommt, seine Rauchringe bläst und die Dinge aus seinen persönlichen Träumen heraus entscheiden will!« Für James war die Schule der Wissenschaft »rauh und männlich« – er kannte kein höheres Lob dafür.[43] Aber diese tiefempfundene Huldigung an die Wissenschaft hinderte ihn nicht, ihren Anspruch zu bestreiten, sie sei der einzige Weg zur Wahrheit. Wissenschaft und Religion, betonte James, »sind beide echte Schlüssel, um die Schatzkammer der Welt aufzuschließen«.[44]

James' Versuch, die Wissenschaft auf ihren Platz zu verweisen, sollte sie nicht ihrer Rechte berauben. Er betrachtete jede der großen Bemühungen der Menschheit um Wissen in ihrer jeweiligen Sphäre als souverän. Doch wenn auch verschieden, so seien sie doch nicht gleichwertig. Zugegebenermaßen sei die »Naturwissenschaft« eines der »guten Dinge«, die das »rationalistische System« hervorgebracht habe. Doch kaum hat er etwas eingeräumt, schränkt James auch schnell wieder ein: »Nichtsdestoweniger, wenn wir des Menschen gesamtes geistiges Leben betrachten, das Leben der Menschen außerhalb von Bildung und Wissenschaft, dem sie innerlich und privat folgen, müssen wir gestehen, daß der Teil davon, den der Rationalismus für sich in Anspruch nehmen kann, verhältnismäßig oberflächlich ist.«[45] James wandte sich unaufhörlich gegen diese unheilbare Oberflächlichkeit der Wissenschaft. »Der Instinkt führt«, vermerkte er in einem seiner denkwürdigen Epigramme, »die Intelligenz folgt nur.«[46] Freud, wir wissen es, verwandte die besten Stunden seines Lebens an die Macht des Impulses und der Unvernunft, aber als Jünger seines Gottes Logos hätte er James' These als blanke Blasphemie angesehen.

James jedoch war unerbittlich; er sah in der Neigung zu vulgärem Reduktionismus und liberalistischem Optimismus das entschiedene Merkmal materialistischen Denkens. In einigen weitblickenden Abschnitten, geschrieben, als hätte er Freuds Arbeiten über die Sexualität vor sich und wäre darauf aus, sie zu widerlegen, mißbilligte James energisch die »Um-Interpretation der Religion als pervertierte Sexualität«.[47] Er klagte nicht weniger über seine vielen Zeitgenossen, »Wissenschaftler oder ›Positivisten‹, wie sie sich gern nennen – die einem sagen wollen, das religiöse Denken sei ein bloßes Überbleibsel, ein atavistischer Rückfall in eine Art von Bewußtsein, die der Mensch in seinen aufgeklärteren Exemplaren seit langem hinter sich gelassen und überwunden hat«.[48] Als Maßstab für James' geistige Großzügigkeit kann gelten, daß er Freud, obwohl er ihn für einen »Besessenen« hielt und für einen Fanatiker in seinem Unverständnis für Religion, trotzdem wohlgesonnen bleiben konnte. Schließlich äußerte Freud über die Religion genau die wissenschaftlichen, positivistischen Ansichten, die James so beklagenswert fand.[49]

Aber James kehrte immer wieder zu der Erkenntnis zurück, daß die Wissenschaft, obwohl geringer und beschränkter als die Religion, viel zum Studium religiöser Phänomene beizutragen habe. Er bedachte die »unparteiischen Klassifikationen und Vergleiche« mit Beifall, die kürzlich »möglich wurden, parallel zu den Denunziationen und Verwünschungen, mit denen der Handel zwischen den Glaubensbekenntnissen bisher ausschließlich betrieben wurde«. Er vermerkte mit Vergnügen, daß »wir die Anfänge einer ›Religionswissenschaft‹ vor uns haben«, und er hatte die bescheidene Hoffnung, daß seine Vorlesungen über die religiösen Spielarten »als ein winziger Beitrag zu einer solchen Wissenschaft gerechnet« werden möchten.[50] Er bemerkte ferner, daß die Philosophie, wenn sie einmal »Metaphysik und Deduktion gegen Kritik und Induktion« eingetauscht hätte, enorm nützlich werden könnte, in dem Maße, wie sie sich von der »Theologie in Religionswissenschaft« verwandele.[51]

Freud hätte es nicht besser sagen können. Aber er war nicht gewillt zu glauben, daß diese junge aufblühende Religionswissenschaft jemals den langen Streit zwischen den beiden Lagern beenden könnte. Bestenfalls würde sie der Religion ein Ende bereiten.

Es ist wert zu wiederholen, daß der Friede, den James kommen zu sehen glaubte, zu keinem Zusammenschluß führte. »Die Angel, um die sich das religiöse Leben ... dreht, ist das Interesse des einzelnen an seinem privaten persönlichen Schicksal.« Im Gegensatz dazu ist die Wissenschaft »dahin gelangt, den persönlichen Gesichtspunkt völlig außer acht zu lassen. Sie katalogisiert ihre Elemente und verkündet ihre Gesetze, gleichgültig zu welchem Zweck, und konstruiert ihre Theorien, ganz ohne Beziehung zu menschlichen Ängsten und Schicksalen.«[53] Freud hätte zugestimmt, daß die Wissenschaft ihre Gesetze ausarbeitet, ohne auf menschliche Wünsche Rücksicht zu nehmen. Das ist in der Tat gerade ihr eigentliches Merkmal: Sie kann von menschlichen Wünschen ausgehen, aber diese bestimmen nicht ihre Ergebnisse. Während Freud sich daran machte, die Theorien der Psychoanalyse zu begründen und die Symptome jedes Analysanden unter allgemeinen Regeln zu subsumieren, gab er gleichzeitig diesem Zwang zur Generalisierung nicht nach und ließ seine Aufmerksamkeit nicht ganz davon in Anspruch nehmen. Seine unübertroffenen Krankheitsgeschichten sind Beiträge zu der fruchtbaren Wechselwirkung zwischen Persönlichem und Allgemeinem in seiner Theorie und Praxis.

James war sich voller Sorge dessen bewußt, daß er gegen den Hauptstrom des gebildeten Denkens seiner Zeit schwamm, und er räumt ein, daß sogar ein gläubiger Wissenschaftler seine Wissenschaft für atheistisch ansehen würde: »Wenn auch der Wissenschaftler für sich persönlich einer Religion anhängen mag und insgeheim Theist sein mag, so sind doch die Tage vorüber, da man sagen könnte, daß für die Wissenschaft selbst die Himmel die Ehre Gottes rühmen und das Firmament das Werk seiner Hände zeigt.«[53] Er gab zu, daß die Naturtheologie, die sich mehr auf

Gottes Werke denn seine Worte als die Grundlage für Glaube und Verehrung stützt, mithin jene gemäßigte, vernünftige Überzeugung, die zwei Jahrhunderte und länger für rationalistische Christen zu bequem gewesen sei, nunmehr als veraltet, naiv, beinahe lächerlich angesehen werde.
James, der Psychologe, und James, der Philosoph, waren sich, kurz gesagt, nicht einig. Einerseits erkannte James, daß die Wissenschaft ehrfurchtslos sein müsse; andererseits war er überzeugt, daß Ehrfurcht notwendig sei als Leiter zu den höchsten Wahrheiten. Schließlich gewann die religiöse Erfahrung, von der er fasziniert war, der er sich verpflichtet fühlte, die Oberhand. Es ist eine Sache, dachte er, eine gute Sache zu klassifizieren; besser ist jedoch, den bescheidenen Umfang einer solchen antiseptischen Aktivität zu erkennen: »Die meisten Fälle«, so sagte er ausdrücklich, »sind gemischte Fälle, und wir sollten unsere Klassifizierungen nicht mit zuviel Respekt behandeln.«[54] In der Tat warf James mit offensichtlichem Vergnügen seine eigenen vielzitierten Klassifikationsschemata über den Haufen. Im Lichte der schwindelerregenden Mannigfaltigkeit der menschlichen Erfahrung »sind die Gegensätze zwischen dem gesunden und dem kranken Geist, zwischen den einmal geborenen und den zweimal geborenen Typen nicht mehr die radikalen Antagonismen, für die viele sie halten.«[55] Was wirklich zähle, sei die Tatsache, daß »die Religion, die sich mit persönlichen Schicksalen befaßt und sie in Berührung mit den einzig absoluten Realitäten bringt, die wir ken-

nen, notwendigerweise eine immerwährende Rolle in der menschlichen Geschichte spielt«.[56] Letztlich müßten die Menschen über die Wissenschaft hinausgelangen, das heißt sich über sie erheben. Denn die Wissenschaft, so schließt er, behandelt »nur die Symbole der Wirklichkeit«, nicht die Wirklichkeit selber.[57] »Unsinn ist Unsinn, auch wenn es den Namen Wissenschaft trägt, und der totale Ausdruck der menschlichen Erfahrung drängt mich, wenn ich es objektiv betrachte, unabwendbar über die engen ›wissenschaftlichen‹ Grenzen hinweg. Ganz sicher hat die reale Welt ein anderes Naturell – sie ist intimer zusammengesetzt, als die Naturwissenschaft gestattet.«[58] Freud spürte gleichfalls schwer faßbare Geheimnisse auf, doch nicht für die verehrende Betrachtung, sondern weil er sie für seine wissenschaftliche Forschung benötigte. James hatte entschieden nicht Freuds Überzeugungskraft. Ein wenig verzweifelt löste er den Konflikt zwischen seiner Achtung vor der Wissenschaft und seinem Drang nach Glauben, indem er auf den Willen zu glauben setzte.

Mit ihrer kraftvollen Sprache, ehrlichen Selbsterforschung, psychologischen Durchdringung und vertrauensvollen Zuversicht auf höhere Mächte bilden William James' Schriften über die Religion einen Hintergrund, vor dem sich Freuds Unglaube scharf abhebt. Es ist unmöglich, sich auszumalen, welche Art von Psychologie James entwickelt hätte, wenn er Atheist wie Freud gewesen wäre, doch ist es gewiß – und ich widme den Hauptteil dieses Buches der Aufgabe, dieses Argument zu beweisen –, daß Freud, wäre er gläubig gewesen wie James, die Psychoanalyse nicht entwickelt hätte.

Freud war auf der Hut vor der Möglichkeit, daß er, der Illusionenzerstörer von eigenen Gnaden, sehr wohl die Illusion hegen mochte, er sei über sie hinaus gegangen. Nachdem er die Umrisse einer Kultur skizziert hatte, die imstande sein sollte, auf die Tröstungen zu verzichten, welche die Religion anzubieten hat, schreckte er zurück: »Aber ich werde meinen Eifer mäßigen und die Möglichkeit einräumen, daß auch ich einer Illusion nachjage.« Schließlich sei es schwer, sie zu vermeiden, und vielleicht sei seine optimistische Phantasie ebenfalls von »illusorischer Natur«.[59] Dies war eine hübsche Konzession an seine Fehlbarkeit, aber Freud nahm sie fast sogleich wieder zurück. Kaum hatte er zugegeben, daß vielleicht auch er von gefälligen Phantasien getäuscht worden sei, zog er mit Nachdruck den Schluß, der für ihn wichtig war. »Aber einen Unterschied«, schrieb er, »halte ich fest: meine Illusionen, abgesehen von der Tatsache, daß keine Strafe darauf steht, sie nicht zu teilen, sind nicht unkorrigierbar wie die religiösen, haben nicht den wahnhaften Charakter. Wenn die Erfahrung zeigen sollte – nicht mir, sondern anderen nach mir, die ebenso denken – daß wir uns geirrt haben, so werden wir auf unsere Erwartungen verzichten.«[60]

Freuds Verteidigung trifft den Kern dessen, was ich in diesem Kapitel sagen will. Er sah Psychoanalyse nicht als Religion an, denn sie ist der Kritik kontrollierter Erfahrung unterworfen, im Gegensatz zu den

Religionen –: frischem Material aus Selbstanalysen der Analytiker, aus Krankengeschichten, aus klinischen Berichten, manchmal sogar aus Experimenten, vor allem aber den Äußerungen der eigenen Analysanden, diesen großen Lehrern. Freud hat es nicht ausdrücklich so gesagt, doch ist es klar, daß er gemeint hat, der Wissenschaftler, der sich hartnäckig an Theorien klammert, die seine eigene Arbeit oder die seiner Kollegen diskreditiert hat, sei ganz einfach kein guter Wissenschaftler. Seit Freud haben wir eine Menge mehr über die Psychologie von Physikern, Biologen – und Psychoanalytikern gelernt. Es ist offenkundig geworden, daß Freud ihre innere Freiheit idealisiert hat, ihre Bereitschaft, Irrtümer einzugestehen, liebgewordene Vorstellungen zu modifizieren und unhaltbare Positionen aufzugeben. Worauf es jedoch ankommt, ist nicht Freuds aus dem neunzehnten Jahrhundert überkommene Unschuld, was den Umgang der Wissenschaftler mit unbequemen, untauglichen Daten betrifft, sondern auf den wesentlichen Unterschied zwischen Religion und Wissenschaft, auf dem er besteht. So unvollkommen sie auch in seiner Arbeit in Erscheinung tritt, die Unterscheidung, die er traf – religiöse Ideen sind unkorrigierbar, wissenschaftliche sind korrigierbar –, bestimmt Freuds Grundüberzeugung, daß es zwei ganz unvereinbare Denkweisen in der Welt gibt, die theologische oder metaphysische auf der einen, die wissenschaftliche auf der anderen Seite, und daß kein geistiger Kraftakt, keine Willensanstrengung sie je in Einklang bringen kann.

Schließlich beruht die Gleichsetzung der Psychoanalyse mit der Religion auf plausiblen Analogien oder Parallelen, die bemerkenswert einfach zu entdecken sind. Es bestehen zwangsläufig Annäherungen zwischen Psychoanalyse und Religion, sei es Judaismus, Protestantismus, Katholizismus oder Buddhismus. Aber die gleichen Annäherungen, sogar auffallendere, bestehen zwischen der Psychoanalyse und der »heidnischen«, säkularen Philosophie. 1910 schrieb Freud einem Korrespondenten aus Palästina, der versucht hatte, Freuds Traumtheorie talmudischen Gedankengängen anzugleichen: »Auf die Äußerungen des Talmud über die Traumprobleme bin ich wiederholt aufmerksam gemacht worden. Ich muß aber sagen, daß die Annäherung an das Verständnis des Traumes bei den alten Griechen eine weit auffälligere ist.«[61] Freud ließ sich nicht auf eine Rolle festlegen.

Wie auch immer die echten Parallelen zwischen Freuds Denken und den Ideen der Vergangenheit beschaffen sein mochten, sie mußten schlüssig sein. Wie könnte es auch anders sein? Seit mehr als zwei Jahrtausenden sind sich die Menschen ihrer Problematik bewußt. Sie haben über ihre Motive und Leidenschaften gerätselt, denn sie argwöhnten, daß der Geist mehr beherbergt als jene Ideen, die so augenfällig im Bewußtsein angesiedelt sind. Seit Jahrhunderten haben buchstäblich Tausende von weisen Menschen sich selbst und andere sondiert, darunter Rabbiner, Priester, Philosophen, Dichter, Geschichtenerzähler und sogar Psychologen. Es ist wohlbekannt, daß Freud mehr als einmal von seinem Neid auf die Dichter gesprochen hat, die mit kühnem Streich ihrer Phantasie auf psychologische Weisheiten stießen, die er seinen Analysanden nur in zahllosen mühseligen Stunden geduldigen Zuhörens entlocken konnte. Liebe, Haß, Stolz, Schuld, Zweifel, Scham sind wichtige Rohstoffe für Plato und Sophokles, Shakespeare und Hobbes, Pascal und Goethe, und, in Freuds Jahrhundert, für Dostojewski und Henry James gewesen. Auch die anonymen Juden, welche die Witze erfanden und verfeinerten, die Freud gern erzählte, waren auf ihre Weise Psychologen.

Parallelen also mögen auf vieles hindeuten, aber sie gewährleisten nichts. Historiker, besonders wenn sie ihre Forschungen auf die unbewußten Ursprünge der von ihnen untersuchten Ideen ausdehnen, praktizieren eine exaktere Disziplin, als manche zugeben wollen. Sie können und dürfen Freuds wiederholte Erklärungen, er sei sein ganzes Leben ein Atheist gewesen, ein ungläubiger Jude, nicht ignorieren oder herunterspielen – auch wenn sie solche Äußerungen nicht als Evangelium nehmen sollten. Alles, was die Erspäher von Parallelen festgestellt haben, ist die Tatsache, daß die universalen menschlichen Belange ebenso Angelegenheit des Theologen wie des Psychoanalytikers sind. Es ist möglich, gläubig und gleichzeitig ein Schüler Freuds zu sein. Wir kennen kompetente Psychoanalytiker, die zu Jom Kippur fasten. Doch was dies über Freuds Geisteshaltung und die Entstehung der Psychoanalyse aussagt, ist alles andere als klar.

1. Der letzte »philosophe« – *»Unser Gott Logos«*

Im Jahre 1918 stellte Sigmund Freud in einem vielzitierten Brief an seinen Schweizer Freund Oskar Pfister, Pfarrer und Laienanalytiker in Zürich, die Fragen: »Ganz nebenbei, warum hat keiner von all den Frommen die Psychoanalyse geschaffen, warum mußte man da auf einen ganz gottlosen Juden warten?«[1] Ich meinerseits möchte in diesem Buch diese unbekümmerten rhetorischen Fragen in drei Leitsätze übertragen: Freud entdeckte die Psychoanalyse als Atheist; er konnte von seinem atheistischen Standpunkt aus alle Versuche, einen gemeinsamen Boden für Glauben und Unglauben zu finden, als wohlgemeinte, doch nutzlose Gesten abtun; und er konnte schließlich als ein Atheist besonderer Art, als jüdischer Atheist, seine folgenschweren Entdeckungen machen. Würde also jeder Gläubige unfähig gewesen sein, die Psychoanalyse zu entdecken? Mußte der erste Psychoanalytiker ein Jude ohne Gott sein? Freud stellte diese Frage und nahm sich nicht die Zeit zu antworten. Wo er die Antwort schuldig blieb, beginnt meine Aufgabe.

Ich sage nichts Neues, wenn ich berichte, daß Freud ein streitbarer Atheist war. Allerdings, als er sein

Studium an der Wiener Universität begann, liebäugelte er mit den Versuchungen des Theismus. Er war in den anregenden und verlockenden Kreis des Philosophen Franz Brentano geraten, eines ehemaligen Priesters, der an Gott glaubte und zugleich Darwin hochachtete. Freud schätzte ihn als einen »verdammt gescheidten Kerl«, ein wirkliches Genie.[2] Aber sein Flirt mit der philosophischen Theologie war nur flüchtig und paßte, wie seine Briefe bezeugen, in der Tat nicht zu ihm. Er war im Grunde, wie er seinem Schulfreund Eduard Silberstein schrieb, ein »gottloser Mediziner und Empiriker«[3]. Im Jahre 1875, als Brentanos Einfluß auf ihn am stärksten war, meinte er: »Vorläufig bin ich nicht mehr Materialist, auch noch nicht Theist.« Doch er betonte, daß er für seine »Gottlosigkeit« einen hohen Preis verlangen werde: »Ich habe nicht die Absicht, mich so schnell und so vollständig gefangenzugeben.«[4] Er tat es auch nicht; vielmehr prüfte er, sich an dem »so scharfen Dialektiker« Brentano messend, die Stärke seines Unglaubens – zu seiner Befriedigung.[5] Nachdem er sich durch die Barriere von Brentanos plausiblen Argumenten erst einmal seinen Weg gebahnt hatte, kehrte Freud zu seinem Atheismus zurück und verharrte darin sein ganzes Leben. »Weder in meinem Privatleben, noch in meinen Schriften«, schrieb er ein Jahr vor seinem Tode, »habe ich je ein Geheimnis daraus gemacht, ein absoluter Ungläubiger zu sein.«[6]

All dies ist gewiß nicht neu; wir wissen, daß Freud kein Geheimnis daraus gemacht hat. Seine Rivalen unter den Psychologen, besonders Carl G. Jung und

Alfred Adler, ließen sich offen über Freuds Areligiosität aus, als sie an den Gebäuden ihrer eigenen Weltanschauung arbeiteten. Kommentatoren der Gedanken Freuds, von Martin Buber über Erich Fromm bis zu Marthe Robert und Hans Küng, haben diese Areligiosität kritisch erörtert, manchmal in erschöpfenden Details, desgleichen Publizisten, Ideengeschichtler und vor allem Theologen. Gut über ein halbes Jahrhundert zeigten sich Gottesmänner so fasziniert von Freuds aggressivem Atheismus wie Versuchspersonen von ihrem Hypnotiseur: Die ominöse Gestalt Sigmund Freuds, des Juden ohne Gott, will sie nicht in Ruhe lassen.

Nur Schülern von Marx war Freud nicht materialistisch genug oder, noch ärger, nicht die richtige Art von Materialist. Michail Bachtin, einer der wenigen marxistischen Theoretiker, die Freud ernst nahmen, kam zu dem Schluß, der »Freudismus« sei »eine dem Marxismus zutiefst und von Grund auf fremde Lehre« – eine Bemerkung, die Freud erleichtert und belustigt haben würde. Hingegen hätte Freud entschieden Bachtins Folgerung widersprochen, seine Lehre liefe auf einen »geistigen Monismus« hinaus.[7] Karl Kautsky wiederum, den seine Genossen gern den Papst des deutschen Marxismus nannten, empfand Verachtung über Freuds »obszönen Pansexualismus« und spottete: »Wenn man Freud liest, könnte man denken, der Mensch sei lediglich ein Anhängsel seiner Geschlechtsteile.« Aber letztlich war Freud für Kautsky überhaupt kein richtiger Materialist, nicht einmal ein alter schmutziger: »Die Freudsche Psychoanalyse in der medizinischen Praxis scheint mir im Grunde nichts anderes als eine Übertragung der katholischen Beichtmethode in die Sprechstunde des Arztes.«[8]

Die Religiösen jedoch, einschließlich derer, die zur Beichte gingen, fanden Freud ungeistig genug. Eine gelehrte Zusammenstellung der Anwürfe von römisch-katholischer Seite gegen Freuds aufrührerisches Gedankengut aus dem Jahre 1970 umfaßt nicht weniger als vierzehn Punkte: Materialismus, Naturalismus, Skeptizismus, Mechanismus, Evolutionismus, Rationalismus, Empirismus – ganz zu schweigen von Positivismus, Relativismus, Physiologismus, Biologismus, Psychologismus, Historizismus und, selbstverständlich, Atheismus.[9] Natürlich sind einige dieser klangvollen Vorwürfe äußerst unpräzise – der Materialismus des einen kann der Idealismus eines anderen sein. Andere widersprechen sich: Man kann schwerlich des Physiologismus und des Psychologismus zugleich beschuldigt werden. Aber die allgemeine Tendenz dieser Anklagen ist deutlich genug. Sie weisen auf Freuds ausdrückliche und letzte Überzeugung hin, daß der religiöse Glaube eine Art Kulturneurose ist – ein Weiterbestehen kindlicher Hilflosigkeit im Erwachsenenleben, ein äußerster Fall von Wunschdenken, eine Illusion, die einer Wahnvorstellung gefährlich nahekommt.[10] Ich brauche nicht hervorzuheben, daß Freud Atheist war, bevor er Psychoanalytiker wurde.[11] Zeigen möchte ich, daß er großenteils Psychoanalytiker wurde, *weil* er Atheist war.

Sigmund Freud war ein loyaler Sohn der Aufklärung und ihr letzter »philosophe«. Oskar Pfister hat das klar, wenn auch etwas tendenziös gesehen, als er unverblümt schrieb: »Ihr Religionsersatz ist im Wesentlichen der Aufklärungsgedanke des 18. Jahrhunderts in stolzer moderner Auffrischung.«[12] Obwohl Freud seine Wissenschaft nicht als eine Ersatzreligion betrachtete, nahm er die Philosophen der Aufklärung gern als seine intellektuellen Ahnen für sich in Anspruch. Bezeichnenderweise sollte er in *Die Zukunft einer Illusion*, seiner vehementesten Attacke, die Originalität seiner Kritik an der Religion in Abrede stellen. Er bekannte seine Abhängigkeit von den aufgeklärten Denkern der Vergangenheit und zog Kraft daraus: »Ich habe nichts gesagt, was nicht andere, bessere Männer viel vollständiger, kraftvoller und eindrucksvoller vor mir gesagt haben. Die Namen dieser Männer sind bekannt; ich werde sie nicht anführen, es soll nicht der Anschein erweckt werden, daß ich mich in ihre Reihe stellen will.«[13] Wir dürfen die Namen hinzufügen: Voltaire, Diderot, Feuerbach, Darwin.

Wie diese knappe Liste zeigt, nahm Freud, der gebildete Mitteleuropäer, die Aufklärung großenteils unmittelbar in sich auf: Ihm standen die französischen wie die deutschen Autoren zur Verfügung; er konnte ohne weiteres Voltaire und Diderot, Lichtenberg und Lessing zitieren. Ihre Schriften gaben ihm die intellektuelle Basis und lieferten ihm bezeichnende und treffende Zitate. Doch darüber hinaus lebte Freud in einer Atmosphäre von »medizinischem Materialismus«, wie es William James nannte. Die naturwissenschaftlichen Positivisten, die Freud in seiner Studienzeit und noch danach als Lehrer hatte – der Physiologe Ernst Brücke, der Gehirnanatom Theodor Meynert, der Internist Hermann Nothnagel, alle gleichermaßen hervorragend –, hatten die Prinzipien der Aufklärung in das Laboratorium des Chemikers und das Auditorium des Anatomen getragen. Alle diese Einflüsse, subtil ineinander verwoben und sich wechselseitig verstärkend, gingen in Freuds geistige Welt ein, in ein Universum, aus dem er nicht so sehr die konkreten Lehrsätze als die wesentliche Grundhaltung der Psychoanalyse herleitete.

Natürlich beanspruchte Freud Originalität für sein Werk. Ohne sie hätte es kaum die Aufmerksamkeit der Welt oder des Historikers verdient. »Ich habe bloß – dies ist das einzig Neue an meiner Darstellung – der Kritik meiner großen Vorgänger etwas psychologische Begründung hinzugefügt.«[14] Aber es war Freud als letzter aufklärerischer Philosoph, der den religiösen Weg – *jeden* religiösen Weg – zum Verständnis der Welt als unvereinbar mit dem wissenschaftlichen Weg ablehnte. Dieser Unterschied war ihm heilig, wenn ich das Wort gebrauchen darf; er hielt die Unvereinbarkeit von Wissenschaft und Religion für grundlegend und ganz und gar unabänderlich. Die Philosophen der früheren Generation, die gegen Ende des siebzehnten Jahrhunderts geboren waren, konnten noch eine gewisse Sympathie für die theologischen Exzentritäten von Denkern aufbringen, die sie bewunderten. Voltaire beschrieb Newtons besessene Erforschung der biblischen Chronologie mit belustigtem Wohlwollen.[15] Aber er war überzeugt, daß Newton, für ihn der größte Geist, der je lebte, seine welterschütternden Entdeckungen *trotz* seiner Rückfälle in scholastische Pedanterie und esoterischen Aberglauben gemacht hatte und nicht ihretwegen. Solch ein freundliches Zugeständnis an die Grillen hervorragender Geister war eine Übung in historischer Phantasie. Es konnte nicht der Philosophen Verachtung für die Haltung mildern, die sie als Leichtgläubigkeit geringschätzten, jene religionsbesessene Art und Weise der Erklärung von Mensch und Natur, die nach ihrer Meinung dem kritischen Geist so verhängnisvoll unterlegen war, dem Geist, zu dem sie sich bekannten und den sie zum Teil auch praktizierten. Und es war die Verachtung, nicht die Sympathie, die Freud von ihnen übernahm.

Freud eignete sich den ganzen Themenbereich der Aufklärung an, ihre Ideale und ihre Methoden, auch ihre Sprache. Er verdankt dem Denken des achtzehnten Jahrhunderts sogar Details der politischen Taktik: Im Geiste jener »philosophes« befürwortete Freud zuweilen eine strenge Selbstzensur bei der Durchsetzung seiner subversiven Ideen. Die Männer der Aufklärung hatten die Notwendigkeit der Vorsicht in zwei Richtungen erkannt und lebhaft debattiert: Vorsicht gegenüber den despotischen, oft rachsüchtigen Zensoren der Regierung, die erpicht darauf waren, die Gottlosigkeit auszumerzen, und Vorsicht angesichts des ungebildeten Volkes, das leicht in ein

Leben der Liederlichkeit und des Verbrechens verfallen könnte, wenn man seine abergläubische Furcht vor einem Gott der Rache zerstreuen würde. Anderthalb Jahrhunderte später mußte sich Freud über genau die gleichen Risiken Gedanken machen. Anders als die Philosophen der Aufklärung, denen Ausflüchte zur zweiten Natur geworden waren, mißbilligte Freud auch die kleinste Unaufrichtigkeit. Doch in der angespannten politischen Atmosphäre Mitte der 1930er Jahre hielt er sein antireligiöses Manuskript über Moses und den Monotheismus zurück, damit die mächtige römisch-katholische Hierarchie die Psychoanalyse in Österreich nicht mit Verbot belegen ließ.

Freud machte sich sogar, ganz in der Art des achtzehnten Jahrhunderts, sorgenvolle Gedanken über die mehr allgemeinen Folgen, wenn man die volle Wahrheit über die Religion veröffentlichte. Er meinte, der Geist der Wissenschaft, der jeden übernatürlichen Glauben verachte, böte keine Gefahr für den »Gebildeten und den geistigen Arbeiter«. Bei ihnen würde die »Ersetzung der religiösen Motive durch andere, weltliche geräuschlos vor sich gehen«. Aber »bei der großen Masse der Ungebildeten, Unterdrückten, die allen Grund haben, Feinde der Kultur zu sein«, steht es anders. »Solange sie nicht erfahren, daß man nicht mehr an Gott glaubt, ist es gut.« Denn wenn sie es wirklich erfahren, werden sie sich nicht frei fühlen, ihre Nachbarn zu töten? Es war ein Problem, wie Freud zugab.[16] Wie ein anderer Voltaire handelnd, ging er so weit, seinen Anhängern zur Vorsicht zu raten. »Ich habe«, schrieb er im Frühjahr

1921 an Ernest Jones, »von der Gefahr gehört, die zu erwarten ist, wenn Sie Ihre blasphemische Schrift über die Heilige Jungfrau auf Englisch drucken lassen.« (Jones hatte diesen langen Essay 1914 zuerst in deutscher Sprache veröffentlicht.) »Sie wissen, wohin meine Sympathien gehen«, versicherte er ihm, »doch ich glaube, es wäre töricht, Gott und die fromme Stupidität von Old England herauszufordern, solange unsere Lage auf dieser merkwürdigen Insel nicht besser gesichert ist.«[17]

Das sind Fragen der Taktik und Strategie. Aber es gibt weit schwerwiegendere Beweise für Freuds Zugehörigkeit zur Familie jener »philosophes« der Nachdruck, den er darauf legt, daß die Psychoanalyse keine eigene »Weltanschauung« besitzt, sondern die Geistesverfassung teilt, die in der Welt aller Wissenschaftler herrscht. Diderot brachte diese Souveränität der wissenschaftlichen Denkweise zum Ausdruck, als er in seinem großen programmatischen Aufsatz über Enzyklopädien schrieb: »Alles muß geprüft, alles muß durchgeschüttelt werden, ohne Ausnahme und ohne Umschweife.«[18] Er wiederholte diesen Gedanken noch nachdrücklicher in seinem Artikel über »Fait«: »Fakten können in drei Klassen eingeteilt werden: die Handlungen der Gottheit, die Erscheinungen der Natur und die Taten der Menschen. Die ersten gehören in die Theologie, die zweiten in die Philosophie und die dritten in die Geschichte im engeren Sinne. Alle unterliegen gleichermaßen der Kritik.«[19] Der säkulare Geist aufgeklärten Denkens und von Freuds Denken prägt all diese Aussagen.

Ihre Bedeutung für die »philosophes« und für Freud ist keineswegs dunkel. Für den Forscher ist buchstäblich nichts sakrosankt. Er läßt keine Grenzen für seine systematische Neugier gelten, keine Ausnahme für seine Vorrechte als Voyeur. Für die Wissenschaft ist nichts zu hoch oder zu niedrig. Schon im siebzehnten Jahrhundert hatte Spinoza, einer der zwei oder drei Philosophen, die Freud zu bewundern bekannte, geltend gemacht, man müsse die Bibel lesen wie alle Bücher, nämlich kritisch. Die Philosophes der Aufklärung wurden von dieser Leseregel in hohem Maße angesprochen. Es entsprach ganz ihrer Einstellung, besonders die Heilige Schrift und andere religiöse Texte als bevorzugte Objekte respektloser Analysen zu wählen, schon deshalb, weil diese Texte jahrhundertelang von kritischen Untersuchungen verschont geblieben waren. Die Philosophes waren stolz auf ihre Mission: Wie so viele moderne Nachfolger des Lukrez machten sie es sich zur Aufgabe, die Welt aus dem Zauberschlaf zu erwecken, in dem Magier und Priester sie seit der heidnischen Antike gefangengehalten hatten.

Die Vorhut bei diesem Angriff auf die Glaubwürdigkeit bildeten die Deisten des späten siebzehnten und frühen achtzehnten Jahrhunderts. Mit fast schamloser Freude förderten sie Beweise für Barbareien, Widersprüche und Absurditäten in dem Buch zutage, das so lange als die endgültige, unbestreitbare und göttlich inspirierte Autorität für Theologen und des Lesens kundige Laien gedient hatte. Sie stellten die Glaubwürdigkeit der Evangelien in Frage, wiesen auf

Prophezeiungen hin, die unerfüllt blieben, stellten fanatische Mönche und klerikale Sittenrichter bloß, machten theologische Beweisführungen lächerlich und wagten es, die Wahrhaftigkeit von Wundern und die Göttlichkeit Christi zu bezweifeln. Freud setzte dieses Werk fort, mit seiner eigenen »zersetzenden« intellektuellen Methode, der Psychoanalyse. »Ich weiß nicht«, schrieb er 1928 an Pfister, »ob Sie das geheime Band zwischen [meinem Buch über] ›Laienanalyse‹ und [*Die Zukunft einer*] ›Illusion‹ erraten haben. In der ersten will ich die Analyse vor den Ärzten, in der anderen vor den Priestern schützen.«[20] Freuds Anpassung der Voraussetzungen und Methoden der Psychoanalyse an die der Wissenschaft war nichts als eine Waffe in diesem Kampf.

Der grundlegende Text, in dem Freud diesen Standpunkt untersucht, ist seine Schrift »Über eine Weltanschauung«, die letzte in der *Neuen Folge der Vorlesungen zur Einführung in die Psychoanalyse,* geschrieben aus der reifen Perspektive des Mitt-Siebzigers. Der englische Herausgeber James Strachey meinte, sie sei »nur indirekt auf die Psychoanalyse bezogen«.[21] Aber das ist eine unangemessen enge Charakterisierung dieser Arbeit. Sie ist vielmehr eine Grundsatzerklärung, eine Art von Metapsychoanalyse, und ihre Stelle am Ende des Werks, das Freud als die umfassendste Darstellung seiner Ideen geplant hatte, ist nicht willkürlich, sondern beabsichtigt. Die Psychoanalyse, betont Freud, hat das Recht auf einen »Paß«, der überall gültig ist. Dieser Anspruch dient als des Forschers Gegenstück zu der, wie die Psychoanalytiker sagen, Grundregel ihrer Therapie: Der Patient muß sich freimachen, um alles, absolut alles, zu sagen, was ihm in den Sinn kommt, ganz gleich wie langweilig, trivial, unwichtig, skurril oder obszön es ihm erscheinen mag. Die Grundregel, die Freuds Schöpfung prägt, ist nicht weniger umfassend und durchgreifend: Die Psychoanalyse ist »eine spezialisierte Wissenschaft, ein Zweig der Psychologie – Tiefenpsychologie oder Psychologie des Unbewußten«, die, »ganz ungeeignet, eine eigene Weltanschauung zu bilden, die der Wissenschaft annehmen muß«. Als solche »erklärt sie, daß es keine andere Quelle für die Kenntnis der Welt gibt als die intellektuelle Verarbeitung von sorgfältig angestellten Beobachtungen«. Das ist der springende Punkt: *Es gibt keine andere Quelle.* Freud verwirft ausdrücklich solche verführerisch glitzernden Alternativen wie »Offenbarung, Intuition oder Divination«.[22] Wir haben, wie er es kurz und bündig in der *Zukunft einer Illusion* formulierte, »keine höhere Instanz als die Vernunft«.[23]

Seine Kritiker in bester forensischer Manier vorwegnehmend, räumte Freud ein, daß gegen das, was sie gern seinen Szientismus nannten, Einwände erhoben werden könnten. Manche hielten ihn für »gefühllos« oder »trostlos« – so fand unter anderem William James alle naturalistischen Weltanschauungen traurig. Aber Freud wies solche Spitzfindigkeiten – ohne James mit Namen zu nennen – energisch zurück. Weit davon entfernt, die Bedürfnisse der Seele hintanzustellen, machte die Psychoanalyse gerade diese Bedürfnisse zu Gegenständen der wissenschaftlichen

Forschung. In der Tat könne die Psychoanalyse stolz darauf sein, die Rolle eines aktiven Sprechers statt eines nur passiven Nutznießers des wissenschaftlichen Geistes zu spielen: »Ihr Beitrag für die Wissenschaft besteht genau in der Ausdehnung der Forschung auf das Gebiet des Geistes.« Man könnte sagen, daß »ohne eine solche Psychologie die Wissenschaft sehr unvollständig sein würde«.[24]

Diese selbstsichere Haltung ermöglicht es Freud, einem weiteren schwerwiegenden Einwand zu begegnen. Wenn man der exakten Wissenschaft ihre eigene Domäne zuweist und der Philosophie eine andere, dann glauben die Leute gern, sie seien »kultiviert, tolerant, großzügig und frei von kleinlichen Vorurteilen«. Aber diese kosmopolitische Unparteilichkeit sei nichts anderes als eine kriecherische Kapitulation vor unwissenschaftlichen Denkweisen: »Die Wahrheit kann nicht tolerant sein, sie gestattet keine Kompromisse und Vorbehalte.«[25] Voltaire hat diese Zurechtweisung fast zwei Jahrhunderte früher vorweggenommen. Auf die Anschuldigung, sein berühmter Kriegsruf »Écrasez l'infâme« sei nur destruktiv, erwiderte er, es gäbe Zeiten, in denen man zerstören müsse, ehe man wieder aufbauen könne.[26] Der kritische Geist könne seine Aufbauarbeit erst dann leisten, wenn er die Menschheit von den Fesseln des Glaubens befreit habe. Voltaire gab gern zu, daß er und seine Mitstreiter intolerant seien, aber es sei eine nur gegen die Intoleranz gerichtete Intoleranz. Dies war die Art von Intoleranz, die Freud begrüßte und sich zu eigen machte. »Die Forschung«, schrieb er, »betrachtet alle Gebiete menschlicher Tätigkeit als ihr eigen und muß unerbittlich kritisch werden, wenn eine andere Macht ein Stück davon für sich beschlagnahmen will.«[27] Spitzfindige möchten auch der Metaphysik oder Theologie eine gewisse Autorität belassen, indem sie verschiedene Arten von Wahrheit postulieren, zu denen sie bevorrechtigt Zutritt hätten. Doch Freud stellte sich provozierend auf den naiven Standpunkt des »kleinen Mannes«: Es gibt nur eine Wahrheit.[28] Eine Idee mag angenehm oder tröstlich sein, doch von dieser Empfindung den Sprung zu der Behauptung zu tun, die Idee sei daher wahr, verunstaltet nur den Intellekt. »Die Religion«, hatte Diderot 1759 geschrieben, »weicht in dem Maße zurück, wie die Philosophie vordringt.«[29] Freud stimmte dem zu: Menschen guten Willens können das Haus der Wissenschaft nur auf den Trümmern der Religion errichten. »Von den drei Mächten« – Kunst, Philosophie, Religion –, »die der Wissenschaft den Boden streitig machen können«, schrieb er, »ist nur die Religion der ernsthafte Feind.«[30]

Freud sah also die Wissenschaft von Gegnern umringt, und auch diese Erkenntnis versetzte ihn mitten in das Lager der Aufklärung. Er fürchtete nicht die Kunst: Sie ist im wesentlichen gutmütig und harmlos. Die Philosophie ist schon eher ein störender Rivale. »An sich ist die Philosophie der Wissenschaft nicht gegensätzlich, sie gebärdet sich selbst wie eine Wissenschaft, arbeitet zum Teil mit den gleichen Methoden, entfernt sich aber von ihr, indem sie an der

Illusion festhält, ein lückenloses und zusammenhängendes Weltbild liefern zu können.« Sie nährt diese Illusion, indem sie das Wissen überschätzt, das sie aus logischen Verfahren oder der reinen Intuition gewinnen kann. Aber auch dann kann die Philosophie wie die Kunst wenig Schaden anrichten. Schließlich hat sie »keinen unmittelbaren Einfluß auf die große Menge von Menschen«, beschränkt, wie sie ist, auf »eine geringe Anzahl selbst von der dünnen Oberschicht der Intellektuellen«. Im Gegensatz dazu »ist die Religion eine ungeheure Macht, die über die stärksten Emotionen der Menschheit verfügt«.[31]

Zwei Jahrhunderte früher hatte die Aufklärung ziemlich den gleichen Standpunkt eingenommen, in dem gleichen kämpferischen Geist. Als streitbare Sprecher in einer großen Debatte über die Natur des Geistes, Gottes und der Welt handelten ihre Philosophen oft als große Vereinfacher. Sie betrachteten sich als die Kräfte des Lichts, zum Kampf angetreten gegen die Kräfte der Finsternis, gegen die Kirche, jede Kirche – und gegen jeden auch noch so gemäßigten Glauben an das Übernatürliche. Doch die Lektüre der Geschichte der Philosophie zwang sie, jene melodramatische Vision komplizierter zu sehen: sie wiesen den anspruchsvollen metaphysischen Systemen, die Descartes und Hobbes, Spinoza, Malebranche und Leibniz im siebzehnten Jahrhundert erdacht hatten, einen besonderen Platz an. Wären sie im Besitz des technischen Vokabulars Freuds gewesen, dann hätten die Philosophen zweifellos jene Systeme als Symptome einer eingebildeten Allmacht des Denkens bezeichnet. Die Metaphysik erschien ihnen als eine Art von unweltlichem Rationalismus, der des Menschen eindrucksvolle Gabe für verbale Virtuosität und verfeinerte Selbsttäuschung bezeugt. Descartes, Malebranche und die anderen hatten die Welt so verlassen, wie sie sie vorgefunden hatten – nicht besser verstanden, nicht besser dran. Das ehemalige Verdienst des kritischen Geistes bestand darin, verblüffende Akrobatenkünste als solides Wissen verkauft zu haben.

Darum hat die Aufklärung Francis Bacon gepriesen, der mit so schneidender Schärfe die Dispute der Philosophen als linguistische Spielereien bloßgestellt hatte und der so wirkungsvoll für die Sache der Erfahrung eingetreten war. Das ist auch der Grund, weshalb sie Newton hervorhoben, als der laut Davis Humes Lobrede »größte und seltenste Genius, der je zur Zier und Belehrung der Menschheit erwuchs«.[32] Newtons Größe beruhte nicht nur auf seiner unglaublichen Gabe, die Geheimnisse des Universums zu durchdringen, sondern ebenso auf der Methode, an die er sich auf seiner einsamen Entdeckungsreise gehalten hat. Hatte er nicht unverblümt gesagt, er täusche keine Hypothese vor? Die erkenntnistheoretischen Schwierigkeiten beiseite lassend, die dieses durchgreifende Diktum mit sich bringt, lasen es die »philosophes« als einen Aufruf zu jener Art des Denkens, die ganz anders ist: als einen gewaltigen Sprung von dem leeren *esprit de système* des siebzehnten zu dem fruchtbaren *esprit systématique* des achtzehnten Jahrhunderts.[33]

Kein Wunder, daß das Jahrhundert der Aufklärung

voller emporstrebender Newtons des Geistes oder Newtons der Gesellschaft war. Es sah ganz so aus, als könne nur der kritische Geist, der das Studium des Weltalls revolutioniert hatte, auch das Studium der Menschheit revolutionieren. Um die Jahrhundertmitte empfahl der Abbé de Condillac, der glänzendste Lehrer der philosophischen Methode und der Sprache, den jene Zeit hervorbrachte, seinen Zeitgenossen, sich nach den Naturwissenschaftlern, nicht nach den Metaphysikern zu richten. »Heute«, so schrieb er in seinem Meisterwerk, dem *Traité des systèmes* von 1749, »konzentrieren sich Naturwissenschaftler, besonders Chemiker, auf das Sammeln von Phänomenen, da sie erkannt haben, daß man die Wirkungen der Natur beherrschen und ihre wechselseitige Abhängigkeit entdecken muß, ehe man Prinzipien aufstellt, die sie erklären. Das Beispiel ihrer Vorgänger war ihnen eine gute Lehre; sie wenigstens wünschen die Irrtümer zu vermeiden, welche die Sucht nach Systemen mit sich gebracht hat. Wenn doch nur alle Philosophen es ihnen gleichtun würden!«[34] Die »philosophes« der Aufklärung betrachteten sich als Philosophen einer ganz besondern Gattung: Sie sahen ihre Art des Philosophierens gern als Annäherung an die naturwissenschaftliche Methode. Alles andere, dessen waren sie sicher, sei Frivolität: die Philosophie, wie sie Metaphysiker betrieben, sei der Aberglaube einer gebildeten Elite, die nicht Heiligen oder Wundern, sondern Worten huldigten.

Diese kühne Neudefinierung der wahren Philosophie als Kritik oder als naturwissenschaftliche Methode überlebte bis in Freuds Jahrhundert und blühte dort auf. Sie ist die hervorragendste Eigenschaft von Ludwig Feuerbachs Denken. Von allen Philosophen des neunzehnten Jahrhunderts war Feuerbach wahrscheinlich der unbestrittenste Erbe der »philosophes« des achtzehnten Jahrhunderts. Als rebellischer und entschiedener Polemiker muß er mehr junge Leser der Religion abspenstig gemacht haben als irgend jemand in seiner Zeit, Darwin nicht ausgenommen. »Wir waren alle Feuerbachianer«, schrieb Friedrich Engels, als er sich an die frühen 1840er Jahre erinnert.[35] Selbst jene, die, wie Marx, sich rühmten, über Feuerbach hinausgegangen zu sein, blieben immer ein wenig in seiner Schuld. Auch der junge Freud war, trotz seiner späteren Geringschätzung aller Philosophie und aller Philosophen, wie Engels und Marx ein Verehrer jenes jungen »Wilden« unter den deutschen Denkern des neunzehnten Jahrhunderts. »Von allen Philosophen«, schrieb er als Student in Wien, »verehre und bewundere ich diesen Mann am meisten.«[36]

Es gab auch viel zu bewundern. Intellektuell der robusteste Hegelianer des linken Flügels, pflegte Feuerbach einen Stil, der frei war von den für die deutsche wissenschaftliche Prosa so charakteristischen Abstraktionen und Trockenheiten, und eine sportliche Kampfmethode, die seine Leser teils entzückte, teils entsetzte, wenn er auf die »albernen und heimtückischen Urteile« seiner Verleumder einschlug.[37] Er war kein Freudianer vor seiner Zeit, doch hatte er Freud manches zu lehren: Er hatte sich zur Aufgabe gesetzt, die Theologie zu demaskieren und ihre allzu weltlichen Wurzeln im menschlichen Erleben aufzudekken. Theologie mußte zur Anthropologie werden. Von der Religion besessen, bemühte sich Feuerbach, sie zur Erde herunterzuholen, um eine Gottheit des Menschen zu schaffen. Dies war nicht gerade eine von Freuds Bestrebungen, doch wenn auch Feuerbach genaugenommen kein Atheist war, so war er als Schriftsteller berufen, Atheisten zu machen. »Natürlich«, schrieb dieser Voltaire des neunzehnten Jahrhunderts über *Das Wesen des Christentums,* seine bekannteste Abhandlung, »ist mein Buch negativ.« Doch er betonte, sein Gegner sei nicht das »menschliche Wesen der Religion«, sondern allein ihre »unmenschliche Seite«.[38] Die Theologie in all ihren existierenden Formen sei niemals auch nur entfernt bis zu den fundamentalen Wahrheiten der Religion vorgedrungen, auch nicht die herkömmliche Philosophie, welche, so meinte er, lediglich Theologie ohne Mythos sei. Diese Wahrheiten seien allein im Menschen zu suchen.

In der Art der Aufklärungs-Philosophen vor ihm und Freuds nach ihm, war Feuerbach nicht viel weniger kritisch gegenüber Philosophen als gegenüber Theologen. Er verwarf vorbehaltlos, was er als »absolute, *immaterielle, mit sich selbst zufriedene Spekulation*« verhöhnte, und bot als Antithese seine eigenen Gedanken, die »Auflösung« solcher müßigen Spekulationen.[39] Er gab zu – oder kündigte vielmehr an –, daß ihm »ein gewisses Talent« fehle, das Talent für das »Formal-Philosophische, das Systematische, das

Enzyklopädisch-Methodische«.[40] Dies störte ihn jedoch nicht mehr, als später Freud seine höflich zugegebene Taubheit gegenüber der Philosophie stören sollte: Feuerbach war auf der Suche nach einer Forschungsmethode, die ihn zur Realität führen sollte. Religion, so lautete seine berühmte Definition, »ist der Traum der menschlichen Seele«, aber, so fügte er vorausschauend hinzu, »sogar in Träumen befinden wir uns nicht im Nichts oder im Himmel, sondern auf der Erde, in dem Reich der Wirklichkeit, gesehen in der zauberhaften Erscheinung der Phantasie und der Laune.«[41] Im Dienste seiner Suche nach dem Wirklichen versagte Feuerbach seiner Philosophie den Namen Philosophie und lehnte es ab, sich einen Philosophen zu nennen: »Ich bin nichts als ein geistiger Naturforscher.«[42] Diese Bezeichnung paßt auch gut zu Freud, der so beharrlich darauf bestand, daß die Psychoanalyse glücklich nur unter dem Dach der naturwissenschaftlichen Weltanschauung wohnen könne und sonst nirgends.

Ihre positiven Selbstidentifizierungen also wie auch ihre Ablehnungen erweisen Feuerbachs und Freuds Zugehörigkeit zu einer großen Familie, deren Stammbaum bis zu Newton und Locke und weiter zurückreicht. Die Beziehung der »Vernunft zur Religion«, schrieb Feuerbach, »läuft nur auf die Zerstörung einer *Illusion* hinaus – einer Illusion jedoch, die keineswegs unbedeutend, sondern deren Wirkung auf die Menschheit vielmehr äußerst verderblich ist.«[43] Das ist genau das, was Freud im Sinne hatte, als er sich als einen »Zerstörer von Illusionen« bezeichnete, der »einen großen Teil seines Lebens« damit zugebracht habe, seine »eigenen Illusionen und die der Menschheit« zu »zerstören«.[44] Aber auch in ihrer grundsätzlichen Einschätzung der Religion waren die Unterschiede von weitreichender Bedeutung. Was Feuerbach als Realität gewürdigt hatte, als das Göttliche im Menschen, das die konventionelle Religion verdunkelt habe, war für Freud nur eine neue Illusion. Freud hatte zweifellos recht, als er 1925 seinem Schweizer Freund Ludwig Binswanger schrieb, er habe zwar Feuerbach in jungen Jahren mit Eifer und Vergnügen gelesen, doch nun scheine ihm, daß die Wirkung keine dauernde gewesen sei.[45] Doch als junger Ungläubiger hatte Freud in Feuerbach eine wertvolle Hilfe, einen Kameraden auf seiner Reise zur Freiheit vom Glauben.

Freud hätte wahrscheinlich als erster zugegeben, daß seine unermüdlichen Attacken gegen jene Illusion, nämlich die Religion, nicht ganz unbefangen waren, nicht ganz nur unvoreingenommene wissenschaftliche Forschung. Eingebunden in die europäische Kultur, verschmolz er seinen Glauben an den Supremat der Wissenschaft in die Textur seines intellektuellen Stils. Seine persönlichen Erlebnisse und seine emotionale Entwicklung schlagen sich ebenfalls in seiner Kampagne nieder. So verwundert nicht, daß die Kommentatoren diese »unterirdischen« Ursprünge seines Atheismus hervorgehoben haben. Es wäre ein erstaunliches Versehen oder eine fast übermenschliche Nachsicht gewesen, wenn sie es unterlassen hätten, Freuds analytische Instrumente gegen ihn selber zu wenden und die Wurzeln seines Antiklerikalismus auf unbewältigte Kindheitstraumen zurückzuführen. In seinem gehaltvollen Überblick zum Thema Psychoanalyse und religiöse Erfahrung unternimmt es W. W. Meissner, Jesuit und Psychoanalytiker, mit großem Ernst, den Reduktionismus zurückzuweisen und Freuds Argumenten auf ihrem eigenen Boden entgegenzutreten. Aber er kann es nicht unterlassen zu bemerken: »Es scheint klar, daß Freuds religiöse Ansichten, vielleicht mehr als jeder andere Aspekt seines Werks und seiner Psychologie, zugrunde liegende und ungelöste Ambivalenzen und Konflikte spiegeln, die auf die frühesten psychischen Schichten zurückgehen. Hinter den Freudschen Argumenten über die Religion steht der Mann Freud, und hinter diesem mit seinen Vorurteilen, Glauben und Überzeugungen verbirgt sich der Schatten des Kindes Sigmund Freud.«[46] Gregory Zilboorg, ein Psychoanalytiker, zu dessen religiöser Odyssee die Verwerfung seines orthodoxen jüdischen Erbes, die Annahme des Quäkertums und schließlich die Bekehrung zur römisch-katholischen Kirche gehörten, war in seinen Äußerungen bestimmter als Meissner. Er glaubte, in einer persönlichen Tragödie die Ursache dafür gefunden zu haben, daß Freud es unterließ, die eigenen Einsichten auf sein Studium der Religion anzuwenden. Als Freud drei Jahre alt war, wurde sein katholisches Kindermädchen, Freuds erste Liebe, die ihn in die Kirche mitgenommen und ihn die »Wahrheiten« der Religion gelehrt hatte, wegen einiger geringfügiger Diebstähle entlassen und ins Gefängnis gebracht.

»Freud wandte nicht nur vierzig Jahre, sondern sein ganzes Leben an den Versuch, die Katastrophe ungeschehen zu machen, die ihn in seiner Kindheit befallen hatte.« Es war unvermeidlich, meinte Zilboorg, daß er scheitern mußte.[47] Freuds gründlich mißlungene Analyse der Religion, sein flacher »Szientismus« sei die Folge gewesen.

Es scheint nur fair, den ersten Psychoanalytiker zu psychoanalysieren; Freuds Aneignung seiner Weltanschauung und der Eifer, mit dem er sie verteidigte, müssen, wie man sagt, gemeinsame Wurzeln haben.[48] Sein Wissensdurst und seine Ungeduld mit allen Hindernissen, die sich seinen leidenschaftlich betriebenen Forschungen in den Weg stellten, waren außergewöhnlich. Aber die wissenschaftliche Arbeit, der er sein ganzes Leben als Erwachsener widmete, ging weit über ihre Ursprünge hinaus. Mehr noch, die Beispiele wilder Analysen, die ich soeben zitierte, erschöpfen auch nicht annähernd die komplexen, verschiedenartigen Situationen, aus denen jene Arbeit hervorging. Gerade die Verworrenheiten seines Familienlebens – ein ältlicher Vater, eine hübsche junge Mutter, Halbbrüder aus der Generation seiner Mutter, ein Neffe, der älter war als er – erwiesen sich als Ansporn für seine oft bestürzenden, aber unermüdlich weitergeführten Forschungen. Freuds Wissensdrang steigerte sich, wie er gestand, bis zu einer Art »Gier«.[49] Es waren überdies nicht nur orale Bedürfnisse in diesem Appetit; er wurde auch von einem starken libidinösen Drang beflügelt. Darwins Ideen zum Beispiel, so berichtet er, zogen ihn als jungen

Studenten mächtig an. Und jene viel zitierte Vorlesung über die Natur, die er als Schuljunge gehört hatte und die ihn, wie er bezeugt, den Entschluß fassen ließ, nicht Jura, sondern Medizin zu studieren, pries die Natur rhapsodisch als eine wohltätige, nährende, nie erschöpfte und nie sich versagende Mutter – als eine sinnliche und mütterliche Gottheit, ganz anders als die grausame, gleichgültige, zerstörerische Natur, die er in seinen späteren Werken beschreiben sollte.[50] Doch weit mehr als Libido war in dieser Freudschen Leidenschaft, mehr als sublimierte kindliche Erforschungen der »facts of life«: In einer berühmten autobiographischen Passage in seiner *Traumdeutung* bekannte er, daß er am besten in einer Atmosphäre von Spannung und Kampf, von Liebe und Haß arbeiten könne. Immer brauchte er einen Freund und einen Feind – und immer wußte er sich welche zu verschaffen.[51]

In seiner wissenschaftlichen Arbeit wurde die Religion der Hauptfeind, der ideale Gegner. Es ist wahr, daß für Freud, wie für so viele andere Nichtgläubige, der römische Katholizismus einen besonderen Platz im Katalog von Schurken einnahm, die es zu vernichten galt. So wie Rom in Freuds Unbewußten die ersehnte Stadt war, die zu besuchen er nicht über sich bringen konnte, ehe er nicht einige fest verwurzelte Hemmungen weganalysiert hatte, so war Rom auch das Hauptquartier des mächtigen Gegners, dessen unerschöpfliche Mittel und geschickte Manöver Freud sein Leben lang aus erster Hand in Wien beobachtet hatte. Aber die katholische Kirche war nur der

schlimmste Feind in einer bösen Schar. Für Freud waren alle Religionen mit Aberglauben infiziert; alle, wie rationalistisch oder unpolitisch sie sein mochten, waren, um es zu wiederholen, der Feind.
Aber noch mehr trägt zur Bildung seiner anklägerischen Haltung bei. Viel verdankte sie den hervorragenden Lehrern, in deren Laboratorien er um 1880 arbeitete, den »medizinischen Materialisten«, die ich erwähnt habe. Sie machten ihn nicht zum Atheisten; sie weckten nicht seine Religionsfeindlichkeit. Aber sie vermittelten ihm die bestmöglichen Voraussetzungen für beides. Die Heldenliste, die er in jenen Jahren gern aufstellte, war angefüllt mit Wissenschaftlern. Wie er im Spätsommer 1875, nach einem anregenden Sommer in England, seinem Freund Silberstein schrieb, gehörten zu diesen Helden die britischen Naturwissenschaftler John Tyndall, Thomas Huxley, Sir Charles Lyell, Charles Darwin.[52] Doch in seinem Pantheon räumte er deutschen Gelehrten nicht weniger Platz ein. Anfang 1875 teilte er Silberstein mit, er beabsichtige, das Wintersemester an der Universität Berlin zu verbringen, um die Vorlesungen von Emil Du Bois-Reymond, Hermann Helmholtz und Rudolf Virchow zu hören: »Ich freue mich darauf wie ein Kind.«[53] Aus Freuds Plänen wurde schließlich nichts; aber seine intellektuelle Ergebenheitshaltung differenzierte sich, als er sich mit Brentanos verführerischem Theismus herumschlug und sich danach allmählich von den neurologischen Thesen seiner Lehrer über den Geist entfernte. Letzten Endes war der Einfluß von Brücke, Nothnagel, Mey-

nert und ihren Kollegen weit weniger von der präzisen Struktur ihrer Ideen abhängig als von ihrer grundlegenden Orientierung: positivistisch, atheistisch, deterministisch.[54] 1898 erhielt Freud von Wilhelm Fliess, seinem damals besten Freund, die beiden Bände der gesammelten Vorlesungen von Helmholtz als Weihnachtsgeschenk zugeschickt.[55] Das Geschenk war ebenso bezeichnend wie die Gelegenheit – das Weihnachtsfest.

Der Mann, der zweifellos am ehesten behaupten könnte, Freuds »Idol« gewesen zu sein, war Ernst Brücke, jener gebildete, anspruchsvolle, gefürchtete und international bekannte deutsche Physiologe, unter dem Freud mehr als sechs glückliche Jahre, von 1876 bis 1882, gearbeitet hatte. Er nannte Brücke rundweg »die größte Authorität, die auf mich gewirkt hat«.[56] Brücke hatte eine aufrichtige und ausgesprochene Abneigung gegen alle mysteriösen Erklärungen, die der romantischen Naturphilosophie oder, noch schlimmer, der Theologie entnommen waren. Seine berühmten Vorlesungen über Physiologie, die Freud vor ihrer Veröffentlichung 1876 gehört hatte, waren metaphysisch völlig unbelastet und ganz und gar im Materialismus beheimatet. Alle natürlichen Phänomene, argumentierte Brücke, sind Phänomene der Bewegung; er gab in seinem Denken okkulten Kräften keinen Raum, geschweige denn göttlichen Eingriffen. Emil Du Bois-Reymond, mit dem Brücke sein Leben lang eng befreundet war, vertrat den gleichen Standpunkt: Der Naturforscher, so schrieb er, ist nicht in »theologische Vorurteile« verstrickt.[57] In der zweibändigen Ausgabe seiner Vorlesungen, die Brücke gewidmet sind, kommt Gott nicht vor, dafür aber die Aufklärung, in zustimmenden Essays über Diderot und Voltaire.[58] Das ist die geistige Welt, die Freud zu seiner Heimat machte und aus der sich die Psychoanalyse schließlich entwickelte; sie entsprach seiner Mentalität und befriedigte ihn intellektuell. Aber ihre Grundlinien gehen letztlich auf die erfrischenden, angriffslustigen kritischen Schriften der »philosophes« des achtzehnten Jahrhunderts zurück.

Die Denker der Aufklärung, anregende, aber im gegenteiligen Ruf stehende Männer, waren keine flachen, gefälligen Optimisten.[59] Zwar verführten ihr Kampfgeist und die Triumphe der Naturwissenschaft sie manchmal zu bequemen Hoffnungen, doch waren sie sich stark bewußt, daß es ihre schwierigste Aufgabe war, die nur zu augenfällige Unwissenheit des einfachen Volkes und die gewandt verbrämte Unwissenheit der sogenannten Gebildeten zu überwinden. Ihr Zweifel an einem Gott der Rache oder an der Erbsünde verführte sie nur selten zu utopischen Träumen von schnellen Lösungen. Sie wußten sehr wohl, daß riesige Teile der Landkarte des Wissens, sei es der Erforschung der Natur, des Menschen oder der Gesellschaft, noch ganz und gar weiß waren. Sie wußten auch, daß die Instrumente der Forschung, die sie zur Verfügung hatten oder entwarfen, noch sehr grob und primitiv waren. Und sie wußten schließlich, daß ihre Vorstöße auf heiligen Boden unvermeidlich den hartnäckigsten Widerstand hervorrufen würden. Eine

Haupttugend, die sie an ihrem Idol Newton entdeckten und der sie tapfer nachzueifern versuchten, war seine »philosophische Bescheidenheit«, wie sie es nannten. Sie lasen seinen berühmten Widerruf »hypotheses non fingo« als Warnung gegen übermäßige Erwartungen nicht weniger denn als Gebot, der Erfahrung das Primat einzuräumen. Turgot sprach für alle Aufklärer, als er »die Einfachheit, die kluge Beschränkung« von Newtons Gedanken pries.[60] Wenn in der Mitte des achtzehnten Jahrhunderts die »philosophes«, nach Condillacs Worten, »Tatsachen durch Tatsachen erklärten«[61], so folgen sie dem Weg, den Newton gebahnt hatte. Ihre unbekümmerte Überzeugung, die Partei der Zukunft zu sein, wurde in Schranken gehalten durch die Erkenntnis, daß die Gefahren ihres Feldzugs nicht weniger riesig waren als seine Ausmaße. Das Aussehen dieser Zukunft schien auch den Selbstbewußtesten unter ihnen ungewiß und in Wolken gehüllt.

Freud war ein philosophischer Spätling in dieser Sache wie in so vielen anderen. Für ihn war die Psychoanalyse noch eine junge Wissenschaft, die viel weitere Forschung erforderte; sie hatte noch kaum die Oberfläche der seelischen Strukturen und Funktionen angekratzt. Er sagte gern, sie hätte dem menschlichen Narzißmus den folgenschwersten Schlag versetzt. Zuerst hatte Kopernikus diesen Narzißmus attackiert, indem er des Menschen Wohnsitz, die Erde, aus dem Mittelpunkt des Universums rückte; dann hatte Darwin den stolzen Menschen auf den Status des Tieres reduziert. Und nun hatte Freud gezeigt, daß die Vernunft nicht Herr in ihrem eigenen Haus ist.[62] Und von der nüchternen Einschätzung der Vernunft und ihrer Stellung im Seelenhaushalt konnte er die Psychoanalyse nicht ausnehmen. Es gab einige Entdeckungen, deren er sich sicher fühlte; die Losungsworte, die Schibboleths (wie er sie provokativ nannte) der Psychoanalyse – die zugrunde liegende Ordnung der Seele, das dynamische Unbewußte, die Arbeit der Verdrängung, den Ödipuskomplex, die sexuelle Ätiologie der Neurosen. Die Annahme oder Ablehnung dieser Theorien bestimmte zur Zufriedenheit Freuds, wer rechtens Psychoanalytiker oder nicht genannt werden konnte. Aber im Laufe der Jahre, wieder und wieder, bemühte er sich, er forderte dies auch von seinen Mitarbeitern, mehr und mehr klinische Informationen über die Paranoia, über die weibliche Sexualität und über andere große Rätsel der Seele zu erhalten. Er war überzeugt, daß die Wissenschaft ein modernes Abenteuer sei und bislang nur wenige der wichtigsten Rätsel der Welt gelöst habe.[63] Zweifellos war die Psychoanalyse in dieser Situation eine Notwendigkeit. Da die Vernunft alles andere als allmächtig ist, so folgte daraus, daß ihr Sieg, zwar zu erhoffen, noch in weiter Zukunft liegen mußte. Sie war eine flackernde Laterne in der Finsternis des allgemeinen Aberglaubens, des Vorurteils und des Unwissens. »Unser Gott Logos«, schrieb Freud, »ist vielleicht nicht sehr allmächtig, kann nur einen kleinen Teil von dem erfüllen, was seine Vorläufer versprochen haben.«[64]

In einem späteren Brief an Stefan Zweig kehrte

Freud zu jenem riesigen unerforschten Kontinent zurück, der den wagemutigen Psychoanalytiker erwartet: »Von der Forschung ist ja der Zweifel«, meinte er, »unablösbar, und mehr als ein Bruchstückchen der Wahrheit hat man gewiß nicht herausbekommen.«[65] Doch alle diese ersten Äußerungen der Bescheidenheit führten nicht zu Trübsinn oder Untätigkeit. Für Freud waren sie eher der Ansporn zu weiterer Tätigkeit. Der Gott Logos des Psychoanalytikers ist zwar nicht allmächtig, doch allen anderen Gottheiten unendlich überlegen. Hinsichtlich der Vernunft war Freud, der Spezialist für Unvernunft, Monotheist (um eine weitere theologische Metapher zu verwenden). Alle anderen Gottheiten von eigenen Gnaden versprachen, was sie niemals halten konnten; sie waren Betrüger. Logos, der Gott der Psychoanalyse, versprach weit weniger und gab viel mehr.

Diese unerschrockene Hingebung an die Wissenschaft statt zu allen anderen vermeintlichen Führern zum Wissen beseelt die abschließenden Sätze von Freuds *Zukunft einer Illusion:* »Nein, unsere Wissenschaft ist keine Illusion. Eine Illusion aber wäre es zu glauben, daß wir anderswoher bekommen könnten, was sie uns nicht geben kann.«[66] Wir können alle Schriften Freuds über die Religion als einen Kommentar zu diesen berühmten Zeilen lesen. Nichts kann treffender sein als ihre Knappheit und die Stelle, an der sie stehen. Die wissenschaftliche Weltanschauung, bemerkt er, hat, abgesehen von ihrer Betonung der realen Welt, im wesentlichen negative Züge. Aber so negativ sie sind, sie geben ihr einen entscheidenden Vorteil über alle ihre Rivalen: sich mit der Wahrheit zu bescheiden und Illusionen abzulehnen.[67] Hier hebt Freud wiederum die unüberbrückbare Kluft zwischen Wissenschaft und Religion hervor: »Religiöse Vorstellungen sind nicht Niederschläge der Erfahrung oder Resultate des Denkens, es sind Illusionen, Erfüllungen der ältesten, stärksten, dringendsten Wünsche der Menscheit; das Geheimnis ihrer Stärke ist die Stärke dieser Wünsche.«[68] Kurz gesagt, die Religion ist die Mutter, die Meisterin und die Nutznießerin der Illusionen. Ihre falschen Wohltaten zurückweisen heißt daher, die Religion selbst ablehnen. Freud sah keine andere Wahl, sah keine Möglichkeit eines Kompromisses.

Ebensowenig wie seine Vorläufer, die »philosophes« der Aufklärung. Es ist richtig, daß die Deisten einen Gott postulierten, der die Welt in Gang gesetzt und sie mit einer Reihe von physikalischen und moralischen Gesetzen versehen hat, die erkannt und befolgt werden müssen. Aber sogar die Deisten hielten eine wirksame Verständigung mit der Theologie für eine Absurdität, und die Skeptiker und Atheisten unter den Philosophen waren womöglich noch weniger verhandlungsbereit. Leibniz konnte zwar eine »Abhandlung über die Konformität des Glaubens mit der Vernunft« veröffentlichen, aber für die »philosophes« der Aufklärung war eine solche Konformität eine Illusion, ein frommer Wunsch, der als ernsthaftes Argument daherkam. Nicht einmal ihr vielbewunderter John Locke, der sich um einen Waffenstillstand zwischen der christlichen Religion und der rationalen

Philosophie bemühte, konnte dem Tadel der Aufklärungsphilosophen entgehen. Nach der Lektüre von Lockes *The Reasonableness of Christianity* (»Die Vernünftigkeit des Christentums«) notierte sich Voltaire: »Mr. Lockes Vernünftigkeit der christlichen Religion ist in Wirklichkeit eine neue Religion.«[69] Als der Abbé de La Bletterie, ein frommer französischer Biograph des Kaisers Julian Apostata, nach einem »philosophischen Theologen« rief, bezeichnete Gibbon ein solches Wesen spöttisch als einen »seltsamen Kentaur«.[70]

Freud konnte mit solchen Kentauren nichts anfangen. Er wollte – und glaubte, die Psychoanalyse sei dafür sehr geeignet – sie als mythische Wesen entlarven, damit die Arbeit der Wissenschaft ungehindert voranschreiten könne. Als Wissenschaft war die Psychoanalyse »ohne Tendenz, außer für dies; zu forschen und zu helfen«.[71] Keine Theologie, und faktisch auch keine Philosophie, konnte diesen Anspruch erheben. Im Jahre 1928 schrieb Freud an Pfister: »Den jähen Abbruch nicht des analytischen, sondern des wissenschaftlichen Denkens, wenn es an Gott und Christentum herankommt, nehme ich als eine der logisch unhaltbaren, psychologisch nur zu begreiflichen Inkonsequenzen des Lebens hin.«[72] Er resignierte vor solchen Widersprüchen, sah sie jedoch als verhängnisvoll für die wissenschaftliche Tätigkeit an. Freud war zweifellos einer von denen, die nach William James' Worten »niemals bekehrt werden und wahrscheinlich unter keinen Umständen bekehrt werden könnten. Religiöse Ideen können nicht zum Mittelpunkt ihrer geistigen Energie werden.« Freud gehörte zu jenen vielen Ungläubigen mit einer gewissen, abermals in James' Worten, »Unfähigkeit zum religiösen Glauben ... ohne Empfänglichkeit für diese Kategorie der Sensibilität«.[73]

Doch was James als einen schmerzlichen Mangel ansah, schätzte Freud als einen wertvollen Vorteil. James taten die Atheisten leid; Freud kehrte das Mitleid um: Erforscher religiöser Phänomene, die sich dem Feind halb verbunden fühlen, die sich in das hineinziehen lassen, was sie aus der Distanz studieren sollten, sind von unbezwingbaren Bedürfnissen verfolgt.[74] Die Befriedigungen, nach denen solche Forscher in der Gesellschaft gewöhnlicher Sterblicher streben, waren solche, die Freud zu teilen weder den Wunsch noch die Gabe hatte. Er beuge sich dem Vorwurf seiner Zeitgenossen, schrieb er düster in *Das Unbehagen in der Kultur,* »daß ich ihnen keinen Trost zu bringen weiß, denn das verlangen sie im Grunde alle, die wildesten Revolutionäre nicht weniger leidenschaftlich als die bravsten Frommgläubigen«.[75] Ihm selbst genügte die Wissenschaft. Aus dem elenden, schlecht versorgten Nachkriegs-Wien schrieb er im Mai 1919 an Ernest Jones: »Wir durchleben schlechte Zeiten, aber die Wissenschaft ist eine mächtige Kraft, die den Rücken zu stärken vermag.«[76]

2. Auf der Suche nach einer gemeinsamen Grundlage – *»Ein besserer Christ war nie«*

Es war durchaus vorauszusehen, daß sich Geistliche, Priester auf der Kanzel wie gelehrte Theologen in ihrer Klause, von Freuds Ketzereien stark angegriffen fühlten. Und weit davon entfernt, die andere Wange hinzuhalten, schlugen sie zurück. Viele zwar ignorierten Freud vorsätzlich und ganz und gar, doch andere machten sich ein Vergnügen daraus, in ihm ein Symptom zu sehen. Sie verdammten seine Ansichten über die Religion als die charakteristische Folgeerscheinung des modernen Relativismus; und sie fanden es unverschämt, daß sich ein Jude »ein Urteil über den christlichen Glauben« erlaubte.[1] Im Jahre 1928 setzte ein anonymer Autor, offenbar sehr besorgt über das, was er als den Zusammenbruch aller moralischen Werte in seiner Zeit beklagte, Freuds Atheismus dem gleich, was er, etwas pittoresk, den »zeitgenössischen Pan-Schweinismus« nannte.[2] Reinhold Niebuhr sprach 1939, in Freuds Todesjahr, in seinen »Gifford Lectures« von der Psychoanalyse als Teil der »romantisch-materialistischen Revolte«, die sich in die »Sackgasse des Pessimismus« verirrt habe.[3] Freud war Freiwild, ein Zustand, zu dem er großenteils selbst beigetragen hatte und dem er ständig neuen Auftrieb gab.

Auch Rabbiner stimmten in den Chor der Verunglimpfung ein. Im Januar 1928, zwei Monate nach Erscheinen der *Zukunft einer Illusion*, äußerte sich der amerikanische reformistische Rabbiner Nathan Krass ziemlich herablassend über Freud. »In diesem Lande«, sagte er vor der Gemeinde seiner Synagoge Emanu-El in der New Yorker Fifth Avenue, »haben wir uns daran gewöhnt, Männer und Frauen über alles und jedes sprechen zu hören, weil sie auf irgendeinem Gebiet Bemerkenswertes geleistet haben.« Zum Beispiel Edison, der »etwas von Elektrizität versteht« und daher auch für seine »Ansichten über Theologie« Gehör findet. Oder jemand, der sich in der Luftfahrt einen Namen gemacht hat – Charles Lindbergh hatte gerade vor acht Monaten den Atlantik überflogen –, »wird aufgefordert, über alles mögliche unter der Sonne zu sprechen«. Krass' Äußerung über Freud bedarf keines Kommentars: »Alle bewundern Freud, den Psychoanalytiker, aber das ist kein Grund, weshalb wir seine Theologie respektieren sollten.«[4] In seinem einflußreichen Buch *Judaism as a Civilization* fährt Mordecai Kaplan noch stärkeres Geschütz auf: Freuds »Wissenschaft der Religion«, schrieb er, ist »ein Fallstrick und eine Täuschung«. Sie »gibt vor, die Existenz Gottes wegzuerklären«, aber bringt es nur zustande, gewisse religiöse Dogmen mit der Religion selber zu vermengen, um sie vollends zu diskreditieren. »Daß ein Mann von Freuds intellektuellem Format sich zuschulden kommen ließ, die ›Religion‹ als solche mit einer besonderen Sorte ›religiöser Doktrinen‹ zu vermengen, ist in der Tat ein Fall für die Psychoanalyse.«[5] Es war die überwiegende Meinung dieser Gottesgelehrten, Juden wie Christen, daß Freuds Analyse der Religion ohne Sachkenntnis, willkürlich, unmoralisch, vielleicht neurotisch, aber verführerisch sei.

Sicher war Freud provokatorisch genug gewesen. Aber bereits vor dem Ersten Weltkrieg, nicht lange nachdem er seine erste Schrift über die Religion veröffentlicht hatte, versuchte eine kleine Schar von Theologen, die Kluft zu überbrücken, die Freud zwischen Wissenschaft und Glauben aufgerissen hatte. Freud war bis zu einem gewissen Grade mit diesen Friedenstiftern einig; er reichte ihnen einen kleinen Finger, als er Geistlichen die Fähigkeit zubilligte, Psychotherapie zu betreiben. Er hatte 1907 »Zwangshandlungen und Religionsübungen« veröffentlicht, eine Schrift, in der er mehr als eine zufällige Ähnlichkeit zwischen den Ritualen von Neurotikern und von Gläubigen konstatierte. Zwei Jahre später, am Beginn ihrer Freundschaft, schrieb er dem Pfarrer Oskar Pfister: »Sie wissen, unsere Erotik schließt das ein, was Sie in der Seelsorge ›Liebe‹ nennen.« Und er fügte wohlwollend hinzu: »An sich ist die Psychoanalyse weder religiös noch das Gegenteil, sondern ein unparteiisches Instrument, dessen sich der Geistliche wie der Laie bedienen kann, wenn es nur im Dienste der Befreiung Leidender geschieht. Ich bin sehr frappiert, daß ich selbst nicht daran gedacht habe, welche außerordentliche Hilfe die psychoanalytische Methode der Seelsorge leisten kann, aber es geschah wohl, weil mir als bösem Ketzer der ganze Vorstellungskreis so ferne liegt.«[6] Damit vergab er sich nichts: Er blieb einerseits der böse Ketzer, doch zugleich bot er großzügig den Gottesmännern die Einsichten der Psychoanalyse an. Es war eine liebenswürdige, aber streng begrenzte Geste: Er fand es plausibel, wenn ein Gläubiger auf die ihm anvertrauten Leidenden psychoanalytische Theorien und Methoden anwandte – solange der Gläubige ein Mann wie Pfister war.

Pfisters Begegnung mit der Psychoanalyse war das Ereignis seines Lebens: Freud gab ihm die Mittel, einer quälenden Bedrängnis Herr zu werden – seinen seelisch gestörten Pfarrkindern zu helfen. Willi Hoffer, ein österreichischer Analytiker, der ihn gut gekannt hatte, erinnerte sich Pfisters als »groß, breitschultrig« mit einem »männlichen Schnurrbart« und mit »gütigen und forschenden Augen«.[7] Seine Tatkraft war gewaltig, nicht weniger als sein Drang zu heilen. In einem Vorort von Zürich 1873 geboren, siebzehn Jahre jünger als Freud, hatte er seine erste seelsorgerische Arbeit als enttäuschend und niederdrückend empfunden. Sein Vater war ein freisinniger Pfarrer gewesen, den die Todeskrankheit eines jungen Gemeindemitgliedes, die er hilflos mitansehen mußte, veranlaßt hatte, Medizin zu studieren, um als »Arzt des Leibes und der Seele zugleich« tätig zu sein. Er starb jung, und Oskar Pfister beschloß, seines Vaters Beispiel nachzueifern. Er ging auf die Suche nach einer wirksamen »Psychologie der Religion«, um eine Seelenkur zu finden, die ihm keine Bücher, keine Kollegen liefern konnten. Das Studium der Philosophie und von Lehrbüchern der Psychologie brachte ihn nicht weiter, und 1903 geißelte er im Druck »Die Unterlassungssünden der Theologie gegen die moderne Psychologie«.[8] Zwei Jahre danach entrüstete er sich über das Unvermögen von Theologie und Psychologie angesichts menschlichen Leidens.[9] Sein Programm, wie er später sagte, war gegeben. Anfang 1908 lehnte er einen Lehrstuhl für Systematische und Praktische Theologie ab, um sich ganz seiner Mission zu widmen. Einige Wochen später stieß er auf Freuds Schriften, die ihn mit der Kraft einer Offenbarung ergriffen. Er hatte das Gefühl, erinnerte er sich, als seien alte Ahnungen Wirklichkeit geworden. Er konnte nicht genau sagen, ob es die theoretische oder die praktische Perspektive von Freuds Arbeit war, die ihn am meisten anzog, aber er genoß ihre Wirklichkeitsnähe und ihre Tiefe: »Hier gab es kein endloses Spekulieren über die Metaphysik der Seele, kein Experimentieren mit Kleinigkeiten, während die großen Probleme des Lebens unberührt blieben, kein Sichzufriedengeben mit dem bloßen Niederschlag des geistigen Lebens und der Erfahrung.« Bei Freud »traten die höchsten Lebensfunktionen vor das Seelenmikroskop und legten Zeugnis über ihre Ursprünge und Verbindungen ab, über die Gesetze ihrer Entwicklung, ihre tiefere Bedeutung in der Gesamtheit der psychischen Ereignisse.«[10] Die Psychoanalyse eröffnete Pfister den Weg, seiner Berufung zu folgen. Er wurde der »Analysenpfarrer« und Freuds Freund.[11]

Wer sich mit Sigmund Freud, dem »Juden ohne Gott«, beschäftigt, muß seine ungetrübte Beziehung zu Pfister höchst aufschlußreich finden. Von allen teils geruhsamen, teils stürmischen Freundschaften, die er unterhielt, war sie fraglos die am wenigsten zu erwartende und eine der friedlichsten. Im Jahre 1909 tat Pfister den ersten Schritt, ebenso wie es Jung drei Jahre vorher getan hatte, und sandte Freud den Sonderdruck einer Arbeit, und wieder, so wie bei Jung, antwortete Freud umgehend und herzlich. Bei beiden war er bestrebt, Verbindungen zu pflegen, die ihm über eine gleichgestimmte Freundschaft hinaus zukunftsträchtig erschienen. Jung hatte Pfister in die Psychoanalyse eingeführt, und als eines der ersten Mitglieder der Zürcher Freud-Gesellschaft wurde er Jungs Verbündeter bei der Durchsetzung ihrer gemeinsamen Sache gegen Skepsis und Spott. Freud unterließ es nicht, Pfister wissen zu lassen, daß er oft von ihm durch »unsern gemeinsamen Freund« Jung gehört habe, und war bemüht, seine »Befriedigung« darüber auszudrücken, einen Pastor zu kennen, der mit wertvollen jungen Patienten Analyse betrieb.[12] Ende April 1909, rund drei Monate nachdem ihr Briefwechsel begonnen hatte, besuchte Pfister Freud in seiner Wohnung in Wien. Er wurde von der ganzen Familie sofort herzlich aufgenommen. Viele Jahre später erinnerte sich Anna Freud mit sichtlichem Vergnügen an den Schweizer Besucher »im geistlichen Habit und mit der Miene und dem Gehaben eines Pfarrers, eine Erscheinung aus einer fremden Welt.« Offenbar bot Pfister eine erfrischende Abwechslung von den ernsten und beflissenen Schülern, die üblicherweise an Freuds Tisch erschienen und mit dem Hausherrn fachsimpelten, ohne Rücksicht auf die übrigen Anwesenden zu nehmen. Pfister war menschlich, liebenswürdig, reizend zu den Kindern, »stets ein willkommener Gast und in seiner Art eine einmalige Persönlichkeit«.[13] Als Freud und Pfister fünfzehn Jahre lang befreundet waren, gedachte Pfister ihrer Verbindung in den gleichen warmen Gefühlstönen: er habe sich sofort, schrieb er Freud, in den »fröhlich-freien Geist« der ganzen Familie verliebt.[14]

Einen letzten Rest skeptischer Distanz zu Pfister behielt Freud allerdings stets bei. Die Frömmigkeit des Pastors, wenn auch unkonventionell und psychoanalytisch gefärbt, hielt ihn davor zurück, Pfister mit soviel Herzlichkeit zu begegnen, wie er es zum Beispiel bei Ferenczi tat. Auf jeden Fall war er, nach dem seelischen Aderlaß, mit dem seine lange tiefe Freundschaft zu Fließ geendet hatte, nicht gewillt, noch viele andere an sich herankommen zu lassen. Pfister hingegen vertraute Freud fast alle seine persönlichen Sorgen an: die Miseren seiner Ehe, die Schwierigkeiten seiner Scheidung, die psychischen Probleme seines Sohnes. Auf diese Weise vertiefte sich die Freundschaft. Freuds Interesse war von Anfang an nicht ganz uneigennützig; in seinen flinken Bekundungen der Hochachtung lag etwas Manipulatives, Verdächtiges. Pfister war für ihn ein Schlüssel, der ihm Türen zu der äußeren Welt aufschließen würde, fast so sehr wie Jung. Man kann nicht sagen, daß Freud sich unter

Juden nicht zu Hause fühlte – bis zu den ersten Jahren der Psychoanalyse waren seine besten Freunde alle Juden gewesen. Aber er litt unter der klaustrophobischen Atmosphäre seines Wiener psychoanalytischen Kreises. Mehrere Jahre war die kleine Gruppe, die sich seit 1902 treulich jeden Mittwochabend in Freuds Wohnung traf, die denkbar beschränkteste Gemeinde gewesen – jeder seiner ersten Jünger war Jude. Aber keinen konnte er sich als seinen Nachfolger vorstellen. Deshalb begrüßte er seine überraschenden Zürcher Eroberungen als Boten aus der »Welt«, als Waffengefährten, die seine Lehre mit frischem Leben von draußen erfüllen würden.

Es war ihm ein wichtiges Anliegen, die Psychoanalyse zu einer kosmopolitischen Lehre zu machen. 1913, in seine Krise mit Jung verstrickt, schrieb er seinem treuen Anhänger Max Eitingon in Berlin, er könne wohl einigen Vorteil darin sehen, wenn die Psychoanalyse auf »unsere Leute« beschränkt bliebe. Es könnte ihr jene Art von Stärke verleihen, die man gewinne, wenn man zu seinem »unzerstörbaren Nationalgefühl« zurückkehre. Aber solche beruhigende »rassische« Exklusivität war unvereinbar mit Freuds »Idealwünschen«[15], Wünschen nach allgemeiner Gültigkeit und Anerkennung. Und ihn verlangte dringend, diese Wünsche in die Wirklichkeit übertragen zu sehen. Seit er Mitte vierzig war, bildete er sich ein, kränklich und vorzeitig gealtert zu sein. Bereits 1900, mit vierundvierzig, und nachdem er gerade die *Traumdeutung* veröffentlicht hatte, bezeichnete er sich in einem Brief an Fließ als einen »alten, ziemlich schäbigen Israeliten«.[16] Er begann, sich nach jemandem umzusehen, der einmal über seiner Schöpfung walten könnte. Aus dieser Hypochondrie heraus sah Freud die Schweizer, die sein Werk so bewunderten, mit drei negativen Tugenden ausgestattet: sie waren nicht alt, sie waren keine Wiener, und sie waren keine Juden.

Keinesfalls war Freuds Sympathie für Jung und Pfister nur kühle Politik: Er mochte einige Jahre lang Jung wirklich gern, und noch lieber wurde ihm Pfister. Während der Jahre, in denen sich seine Anhänger in Zürich von ihm lösten, einige für immer, wurde Freud von Karl Abraham, seinem aufmerksamen »Wachhund« in Berlin, darauf aufmerksam gemacht, daß Pfister beunruhigende Neigungen für Jungsche Gedanken zeige.[17] Aber Freud wurde in seinem Vertrauen nie schwankend, und obwohl er meist skeptisch gegenüber seiner Begeisterung für neue Freunde war und oft enttäuscht wurde, behielt er diesmal recht. Sicher, Pfister bewahrte immer seine intellektuelle Identität. »In der Musik, Philosophie und Religion«, ließ er Freud wissen, »gehe ich nun einmal andere Wege als Sie.«[18] Aber das waren Wege, die Freud tolerieren, ja, sogar weitgehend respektieren konnte. Nur in Augenblicken der Verärgerung mochte er wohl privat sagen: »Mit all seiner Wärme und Güte streift Pfister das Lächerliche.«[19] Doch das schrieb er in einem vertraulichen Brief an Max Eitingon.

Die Freundschaft mit Pfister überlebte sogar *Die Zukunft einer Illusion*, die Freud 1927 veröffentlichte, nicht ohne einige bekümmerte Seitenblicke auf seinen geliebten Pastor. Kurz bevor er seine »Broschüre« in Druck gab, warnte er Pfister, daß sie »viel mit Ihnen zu tun hat. Ich habe lange Zeit gewartet, sie zu schreiben, zögerte es jedoch hinaus aus Rücksicht für Sie, bis der Drang zuletzt zu stark wurde.« Während er noch einmal seine »absolut negative Haltung gegenüber der Religion, in jeder Form und Verwässerung« betonte, äußerte er die Befürchtung, der Aufsatz werde »peinlich für Sie« sein.[20]
Pfister bedankte sich herzlich bei Freud für seine Warnung und antwortete beruhigend: »Ein geistesmächtiger Gegner der Religion nützt ihr sicher mehr als tausend nichtsnutzige Anhänger.« Und er fügte in einer persönlichen Bemerkung artig hinzu: »Sie waren gegen mich immer duldsam, sollte ich es gegen Ihren Atheismus nicht sein?«[21] Nachdem er das Büchlein sorgfältig gelesen hatte, versuchte Pfister, seine Meinungsverschiedenheiten mit Freud so behutsam wie möglich zu definieren: »Sie wissen, daß weder meine Stellung zu Ihnen noch meine Freude an der Psychoanalyse im geringsten durch meine Bedenken gegen Ihre Ablehnung der Religion beeinträchtigt wurde. Ich habe stets betont, daß die Psychoanalyse zwar den fruchtbarsten Teil der Psychologie ausmacht, niemals aber die ganze Wissenschaft vom Seelischen, noch weniger eine Lebens- und Weltanschauung einschließt. Gewiß sind Sie derselben Ansicht.«[22]
Freud war es, doch zog er offensichtlich gegenteilige

Schlüsse daraus. »Ich freue mich über alle ihre Erfolge«, schrieb er sieben Jahre später. »Daß Sie ein so überzeugter Analytiker und dabei doch ein geistlicher Herr sein können, gehört zu den Widersprüchen, die das Leben so interessant machen.«[23] Die Fähigkeit eines gebildeten Menschen, den Glauben an Gott mit dem Vertrauen in die Wissenschaft zu vereinen, hat Freud immer ein wenig erstaunt und noch mehr amüsiert. Im Mai 1939, wenige Monate vor seinem Tode, schrieb er an einen Briefpartner in Palästina: »Die Art, wie Sie die Achtung vor der wissenschaftlichen Forschung mit dem Glauben an die Verläßlichkeit der Bibel vereinen können, erregt meine volle Bewunderung. Ich könnte so etwas nicht fertigbringen.« Und fragte dann, leicht gereizt: »Aber woher nehmen Sie das Recht, die Wahrheit allein der Bibel zuzugestehen? Vermutlich heißt es nichts weiter als: ich glaube, weil ich glaube.«[24]

Dies legt den Sachverhalt in Freuds üblicher Kürze dar; er sah Pfisters Lebenswerk als einen großen, auf seine Weise bewundernswerten Widerspruch in sich. 1937, in seinem letzten ausführlichen Brief an Pfister, teilte Freud ihm mit, er beschäftige sich in einer noch nicht veröffentlichten Arbeit über Moses und den Monotheismus »wiederum mit der Religion, auch für Sie nicht genehm«.[25] Es konnte in der Tat nicht ganz angenehm für Pfister sein, wie tolerant auch immer er sich seinem atheistischen Freund gegenüber zeigen mochte, wie dankbar auch immer er Freud war, daß er ihm den Weg gezeigt hatte, wie er seinen Pfarrkindern helfen konnte. Schließlich hatte Freud bereits einige Jahre vor der Veröffentlichung seines kompromißlosen Essays über die »Weltanschauung« der Psychoanalyse Pfister einen seiner Lieblingsgedanken anvertraut: »Die Analyse gibt keine neue Weltanschauung. Aber sie braucht es nicht, denn sie ruht auf der allgemeinen wissenschaftlichen Weltanschauung, mit welcher die religiöse unverträglich bleibt.«[26]

Pfister gab sich die größte Mühe, diese Weltanschauungen in Einklang zu bringen – zumindest seine eigene und Freuds –, als er Freud in die ausgesuchte Elite der guten Christen einzureihen suchte. Als Freud ihn in jenem berühmten Brief fragte, warum die Welt darauf hatte warten müssen, daß ein gottloser Jude die Psychoanalyse schuf, fand Pfister eine erstaunliche Antwort. Erstens, ließ er Freud wissen, »sind Sie kein Jude«, was er im Hinblick auf seine grenzenlose Bewunderung für Juden wie Amos, Jesaja und Jeremia bedauere. Zweitens »sind Sie nicht gottlos, denn wer immer in Gott lebt und für die Befreiung der Liebe kämpft, bleibt nach Johannes 4, 16 in Gott«. Das war nicht gerade die Art von Charakterisierung, auf die Freud vorbereitet war, doch Pfister hielt noch eine letzte Überraschung parat: Wenn er an Freud denke, sei er geneigt zu sagen: »Ein besserer Christ war nie.«[27] Freud, der taktvoll sein konnte, ging über dieses aufrichtig empfundene Kompliment schweigend hinweg.[28]

Pfisters Konstruktion eines christlichen Freud war jedoch mehr als eine leere Phrase oder ein Herzenserguß. Es war seine Art zu sagen, daß er einige wesentliche Übereinstimmungen zwischen seiner Version des Protestantismus und Freuds Denken entdeckt hatte. Er deutete seine eigene religiöse Denkweise als einen positiven, praktischen, psychologisch verfeinerten Glauben, gereinigt von allem Aberglauben und allen Überbleibseln primitiven Rituals. Pfister bedauerte, so ließ er Freud wissen, daß dieser Philosophie und Theologie so ungestüm ablehne. Zumindest, so glaubte er, können beide nicht als bloße Projektion abgetan werden.[29] Freuds negative Einstellung, seine fast doktrinäre Skepsis, so meinte Pfister weiter, mache ihn blind gegen die offensichtlichen Parallelen zwischen der Psychoanalyse und seinem, Pfisters, Protestantismus. Beide arbeiten daran, die Schuld zu reduzieren, die sie als eine Art Bestrafung für den Widerstand gegen Autorität erkannten, beide zielten darauf ab, einen strengen durch einen gütigen Vater zu ersetzen. Darüber hinaus benutzten beide die Regression als Heilmethode: Es sei kein Zufall, daß in der Seelsorge wie in der Psychoanalyse der Patient wieder zum Kind werde.[30] Am wichtigsten: Sowohl Freuds Psychoanalyse wie auch Pfisters Theologie stellten die Liebe in den Mittelpunkt des Lebens.

Dieses letzte Argument schien nicht weit hergeholt: Wie Pfister hatte Freud ausdrücklich den Erotizismus der Psychoanalyse mit der Liebe als Herz der geistlichen Seelsorge verglichen.[31] Er äußerte zu Jung ungefähr das gleiche, als er die Psychoanalyse »wesentlich eine Kur durch Liebe« nannte.[32] Und er ließ sich gern davon überzeugen, daß die Libido der Psychoanalyse eng mit dem Eros Platons übereinstimme.[33]

Pfister nahm nun Jesus in die kurze Liste der erlauchten Vorläufer Freuds auf. Jesus, schrieb er, »stellte die Liebe in den Mittelpunkt des Lebens, in das Herz von Religion und Moral, und überwand damit Angst und Förmlichkeit«. Dies war ein Lieblingsargument Pfisters: Die Liebe ist alles. Und so beschließt er seine Studie über die Liebe bei Kindern und ihre Abirrungen kraftvoll mit der glühenden, in Großbuchstaben geschriebenen Versicherung: »NUR LIEBE KANN ZU LIEBE FÜHREN«.[34] Er mußte zugeben, daß platonische, Freudsche und christliche Liebe sich wesentlich unterscheiden, aber er tröstete sich mit dem, was sie gemeinsam hatten.[35] Gewiß gab er sich nicht der Täuschung hin, daß Freud nahe daran sei, sich taufen zu lassen. Aber als einen, der die wahre Liebe als ein durch Sublimierung geläutertes Begehren pries, begrüßte er Freud im Lager Jesu: Einen besseren Christen gab es nie.

Diese radikale, ziemlich vereinfachte Auslegung Jesu gab Pfister Kraft für seine Kritik am römischen Katholizismus. »Mit seiner dualistischen Moral«, schrieb er 1910, »ist der Katholizismus eine Religion der stärksten Verdrängung der natürlichen Lebensinstinkte«. Letzthin »ist sein Ideal der Mönch, der Frauen, persönliche Freiheit und ›die Welt‹ verschmäht«. Viele Heilige, schrieb er, waren bewundernswert gut und fromm, aber auch bestenfalls konnten sie ihre Triebe nur unvollkommen sublimieren. Nicht nur, daß sie fast ausnahmslos an offensichtlichen Neurosen gelitten hätten, an Visionen, Empfindungslosigkeiten, Angstzuständen, Zwangs-

vorstellungen, Hysterien, Bewußtseinsstörungen, Verengungen des Sehbildes, sondern auch *»grausam mißhandelte Sexualität«* habe ihr Leben sehr oft in beklagenswerter Weise entstellt. In heilsamem Gegensatz dazu hat »der Protestantismus aus seinem religiös-ethischen Empfinden heraus bereits erreicht, wonach der Psychoanalytiker auf der Grundlage wissenschaftlicher Einsicht strebt. Er hebt das Phänomen der Verdrängung auf, wie es sich in Zölibat, kirchlicher Hierarchie und mönchischem Leben geformt hat.« In Pfisters enthusiastischer und kämpferischer Analyse wirken die protestantischen Ideale der christlichen Ehe und der Priesterschaft aller Gläubigen den Verheerungen des »Vaterkomplexes« entgegen. Dies sei die Botschaft Jesu an die Welt; er hat »die Morgenröte eines neuen Lebens in Freude, Freiheit und Gesundheit mit sich gebracht«.[36]
Es ist ein verblüffendes und faszinierendes Bild: Jesus, nicht Freud, als erster Psychoanalytiker. Es ist außerdem eine höchst originelle Art und Weise für einen Protestanten, unsanfte Dinge über Römische Katholiken zu sagen. Aber Pfister war nicht weniger streng mit protestantischen Sekten wie mit den Pietisten, deren sentimentale Religiosität des Herzens ihn zutiefst abstieß. In einer Analyse der Frömmigkeit des Grafen Zinzendorf, des führenden Pietisten des achtzehnten Jahrhunderts in den deutschsprachigen Ländern und den nordamerikanischen Kolonien, kritisierte er dessen sadistische homoerotische Herabsetzung der weltlichen Gattenliebe und Erotisierung der Religion. Zinzendorf hatte eine übertriebene An-

betung des Blutes und der Wunden Christi gepredigt, und dies führte, wie Pfister schonungslos vermerkt, zu einer »geistigen Übersexualisierung der Religion«, die »Ehegatten zu Ehegatten Christi und das Abendmahl zu einer ›menschlichen Umarmung‹« machte. All dies, so klagte Pfister an, bringe ein höchst unangemessenes »orgiastisches Element« in die Gottesverehrung.[37] Dies war die Art von psychoanalytischer Sektion, der Freud zustimmen konnte – der Antiklerikalismus des Klerikers. Nachdem er Pfisters Manuskript über Zinzendorf mit ehrlichem Beifall gelesen hatte, lobte er es als »ausgezeichnet durchsichtig bis zum letzten, eindrucksvoll, überzeugend für jeden, der es nicht durchaus verhüten will, überzeugt zu werden«.[38] Über Pfisters Kampagne, ihn für das Christentum zu gewinnen, war Freud weniger begeistert.

Auf seiner Suche nach einer gemeinsamen Grundlage von liberaler Theologie und Psychoanalyse hatte Pfister immer die meisten Gläubigen gegen sich. Er ging einen überwiegend unbetretenen Weg und, wie die Krittelei seiner schweizerischen Kollegen an seinen Abweichungen von der Orthodoxie reichlich zeigt, einen nicht ungefährlichen. »Die Theologen«, erinnert er sich einige Jahre später, »konnten nicht billigen, daß ich es gewagt hatte, das Leben des Glaubens in seiner unmittelbaren Realität zu erforschen, statt nur in Büchern herumzuwühlen.« Es überraschte ihn nicht, »daß mein wissenschaftlicher Ruf, der bislang fleckenlos gewesen, zusammenbrach, sobald ich die psychoanalytische Forschung befürwortete. Die

Wohlmeinenden, denen ich leid tat, fragten mich bekümmert und sanft vorwurfsvoll, warum ich so unverantwortlich gehandelt habe.« Nachdem der Breslauer Psychologenkongreß von 1913 vor den »Auswüchsen der Jugend-Psychoanalyse« gewarnt hatte, war Pfister einer, wie er es nannte »Sudelkampagne, wie sie es in der Geschichte der Pädagogik wahrscheinlich noch nicht gegeben hatte«, ausgesetzt.[39]

Aber er war nicht allein, noch hoffnungslos exzentrisch. Die theologische Freud-Schwärmerei mußte auf die Zeit nach Freuds Tod warten, als einige Kleriker sich eines besseren besannen und ihn als einen großen Wissenschaftler bezeichneten, den der Theologe respektieren müsse, oder noch überschwenglicher als ein »Geschenk Gottes an den Menschen«.[40] Bereits zu seinen Lebzeiten war die Schar von Freuds Sympathisanten unter den Theologen gewachsen. Nach einigen unveröffentlichten Briefen Pfisters an Freud zu urteilen, bemühten sich von den frühen zwanziger Jahren an theologische Schulen um Vorlesungen Pfisters über die religiösen Implikationen der Psychoanalyse oder zumindest über den klinischen Nutzen der Psychoanalyse für die Seelenkur. »Heute nahm ich an einer Tagung teil«, ließ er Freud 1921 wissen, »in der zwei Theologie-Professoren sich warm für den Nutzen der Psychoanalyse für die historisch-kritische Theologie einsetzten, sie geradezu unentbehrlich fanden.«[41] Und im selben Jahr: »Vor ein paar Tagen kehrte ich von einer Reise nach Deutschland zurück. In Koblenz und Nürnberg hielt ich vor Pastoren Vorträge über Psychoanalyse und stieß auf soviel Interesse wie Unwissen.«[42] Einige Jahre später, 1927, wurde er aufgefordert, an der theologischen Fakultät in Birmingham zu lesen.[43] Freuds Lehre fand merklich Konvertiten unter den Gottesmännern.

Das war die Atmosphäre, in der Cyril Forster Garbett, Bischof von Southwark, bekunden konnte, es gäbe »keinen notwendigen Konflikt zwischen Religion und Psychologie. Das Christentum steht weder zur klassischen Psychologie noch zu der ›neuen‹ Psychologie im Widerspruch«. Das bedeutete natürlich nicht, daß der Bischof sich die Psychoanalyse zu eigen machte; er gab zu, daß sie Ideen in sich schließe, die für einen Gläubigen schlechthin unannehmbar seien. Gewiß beruhe »der Konflikt« zwischen dem christlichen Glauben und der materialistischen Psychologie »auf einigen psychologischen Theorien, die mit der neuen Psychologie verbunden sind«. Aber es bestünde dennoch Hoffnung für eine solche Psychologie, denn diese Theorien »sind sicher nicht wesentlich für sie.«[44] Andere gläubige Autoren waren noch entgegenkommender: 1936 erklärte G. Simpson Marr, Spezialist für die medizinischen Implikationen des Christentums, in einem historischen Überblick über Sexualität in der Religion, daß »der Genius Freuds fortdauern wird in seinem Einfluß auf die Menschheit«, selbst wenn es sich herausstellen sollte, daß er »der Welt des Wissens keine einzige bleibende Wahrheit« hinzugefügt habe. Denn, »recht oder unrecht«, Freud habe »uns alle gezwungen, kritischer zu graben, aufrichtiger die menschliche Moral und das menschliche Verhalten zu erforschen; er hat uns geholfen, Täuschungen zu durchschauen, indem er sie von dem Mantel der Scham befreite«, besonders im Hinblick auf »die infantile Sexualität und die verheerende Auswirkung der Verdrängung«.[45]

Paul Tillich, ein weitaus beachtenswerterer Theologe und Publizist, in seinen letzten Lebensjahren geradezu in Mode, hielt viel von diesem Argument. Ende der zwanziger Jahre stellte er fest, daß die Psychoanalyse, Nietzsche und den großen Romanautoren des späten neunzehnten Jahrhunderts folgend, »den Mechanismus der Verdrängung in der bürgerlichen protestantischen Persönlichkeit und das explosive Wiederaufleben der vitalen (unbewußten) Kräfte ans Licht gebracht hat«.[46] Tillich sah Freud und seine Weggefährten als Demaskierer, die Widerstand erregen mußten. In ihrer Arbeit hätten sie dazu beigetragen, die Theologie davor zu bewahren, eine Randdisziplin zu werden.[47] Wenn die moderne Theologie zu mehr geworden sei als eine Fußnote zur Kulturgeschichte, so ist das nach Tillich weitgehend Freud zu danken.

Dies war ein gewichtiges Lob, doch er hatte noch mehr zu sagen. Vom Temperament her dazu geneigt, große, systematische Beziehungen zwischen den Phänomenen zu entdecken, begnügte sich Tillich nicht damit, nur die Nützlichkeit der Psychoanalyse für die Kulturkritik oder geistliche Seelsorge anzuerkennen. Er ging so weit, sie in die große Tradition des Kampfes gegen den Rationalismus einzureihen, der bis zu Duns Scotus, Paracelsus und Luther zurückreicht. Die moderne Geschichte, so Tillich, war Zeuge »des

Sieges der Philosophie des Bewußtseins über die Philosophie des unbewußten, irrationalen Willens«, über eine unglückliche Evolution, die vom Calvinismus, von Descartes und der strengen amerikanischen Religiosität getragen worden sei. »Doch trotz dieses Sieges kam der Protest nicht zum Schweigen.« Eine eindrucksvolle Kavalkade von Widerspruchsgeistern, zu denen Pascal, Kierkegaard, Marx, Dostojewskij, Rimbaud, Baudelaire gehörten, von Kafka und Bergson mit seinem *élan vital* ganz zu schweigen, hatte dem, »was im zwanzigsten Jahrhundert folgen sollte, den Boden bereitet«, mit Freud an der Spitze – ein überwältigender, uneinheitlicher Stammbaum, der dem Historiker den Atem verschlägt. Freuds Entdekkungen über das Unbewußte seien »viele Jahrzehnte und sogar Jahrhunderte« bekannt gewesen und dazu verwandt worden, »die siegreiche Philosophie des Bewußtseins zu bekämpfen. An Freud war es, diesem Widerstand eine methodische Grundlage zu geben«.[48] Die Psychoanalyse und einige Formen der Philosophie sind also untrennbar: Sie leisten die gleiche kulturelle Arbeit. So vereinte Tillich, was Freud sein Leben lang auseinanderzuhalten bemüht war.

Das Bündnis zwischen Psychoanalyse und Philosophie schien Tillich am deutlichsten in der existentialistischen Bewegung seiner Zeit: »Psychoanalyse und Existentialismus waren von Anfang an miteinander verbunden: sie haben sich wechselseitig auf die radikalste und tiefste Weise beeinflußt.« Beide versuchen, »des Menschen existentielles Ausgesetztsein«

zu beschreiben, seine »entfremdete Existenz«. Bei all seinen heroischen, höchst einfallsreichen Anpassungsbemühungen erkennt Tillich auch »grundlegende« Unterschiede zwischen Psychoanalyse und Existentialismus. Während dieser »von der allgemeinen menschlichen Notlage spricht«, konzentriert sich jener auf solche, die »der Notlage zu entfliehen suchen, indem sie in die Neurose flüchten und der Psychose verfallen«. Noch schlimmer: Viele von Freuds Anhängern hätten seine tiefsten existentiellen Einsichten aufgegeben, und auch Freud selbst sei es nicht gelungen, letzte Klarheit über die menschliche Natur zu schaffen; »sein Pessimismus über die Natur des Menschen und sein Optimismus über die Möglichkeiten des Heilens sind weder bei ihm noch bei seinen Nachfolgern versöhnt worden«. Aber abgesehen von diesen Vorbehalten, bleibt Tillich dabei, daß Freuds Ideen der Theologie eine reiche Ernte geliefert haben: Freud bleibt »der tiefste aller Tiefenpsychologen«. Die Psychoanalyse habe lange vernachlässigtes, tiefes geistiges Material entdeckt und die Sünde (nicht die »Sünden«, sondern »tragische Entfremdung«), und habe »Gnade« und »Vergebung« gegen einen »pharisäischen Moralismus« verfochten.[49] In der Geschichte der Versuche, die Psychoanalyse für die Religion zu retten, gehört Tillichs spekulatives ökumenisches Bemühen zu den kühnsten und waghalsigsten, die je ein Theologe unternommen hat.

Wenig andere Theologen gingen so weit in der Unterstützung von Freuds Gedanken wie Tillich. Ein charakteristischerer Weg, Entsprechungen zwischen der Psychoanalyse und der Religion aufzuzeigen, bestand darin, Freuds Originalität zu verkleinern. Ohne Zweifel (so wurde argumentiert) enthalten seine Ideen einige Wahrheiten, aber eigentlich seien diese schon früher von Christen entdeckt und besser dargelegt worden. Reinhold Niebuhr zum Beispiel meinte, »die modernen Psychoanalytiker könnten viel über die Grundnatur der Angst und ihre Beziehung zur menschlichen Freiheit von dem größten aller christlichen Psychologen lernen, von Søren Kierkegaard«.[50] Einige Kritiker wandten diese Taktik in etwas weniger herablassenden Tönen an. »Keiner heutzutage«, schrieb der fromme Schweizer Arzt Paul Tournier, bestreitet die Realität »der Mechanismen, durch die Schuldgefühle erregt werden, noch die Bedeutung von Freuds Entdeckung«. Aber diese Entdeckung »bestätigt nur, was uns die Bibel schon gesagt hat – wie sehr der Mensch das Gefühl braucht, geliebt zu werden«.[51] Otto A. Piper, der nach einer hervorragenden Laufbahn in Europa als Professor für Theologie nach Princeton ging, bemerkte, Freuds Psychologie sei »einseitig in ihrem Glauben an die Allmacht der Sexualität, doch unübertroffen in ihren Erkenntnissen über die unterbewußte Tätigkeit sexueller Motive in allen Sphären des menschlichen Lebens«. Unübertroffen, aber nicht ohne Vorwegnahme: Freuds Analyse »bestätigt das christliche Argument, daß in einem sündigen Leben das Geschlechtsleben voller Abgründe und Unbegreiflichkeiten ist und ständig bedrängt von Gefahren, denen die Menschen unversehens unterliegen«. Verglichen mit der Tiefe der christlichen Anschauung, meinte Piper, wirft die Psychoanalyse nur ein schwaches, großenteils entlehntes Licht auf die menschliche Natur: Des heiligen Paulus Verständnis der »sexuellen Sünden zeigt die Einsicht eines Mannes neunzehnhundert Jahre vor der Entdeckung der Psychoanalyse, eine Einsicht, die tiefer als die letztere in die Verzweigungen und Abgründe der menschlichen Natur eindrang«.[52] Das war eine sichere, bequeme Art und Weise, die Psychoanalyse zu domestizieren: ihr den Giftzahn zu ziehen, ihre Verdienste zu preisen und ihre Subversivität zu umgehen.

Während der letzten Jahrzehnte haben gläubige Publizisten diese Gedanken zu Gemeinplätzen gemacht. Im Jahre 1956 faßte sie der englische Arzt W. Earl Biddle mit bewundernswerter Bündigkeit in einer kleinen Schrift zusammen, die er optimistisch mit *Integration of Religion and Psychiatry* überschrieb: »Freud glaubte, er habe die Realität Gottes widerlegt, aber seine Anerkennung religiöser Werte mag nur für jene überraschend sein, die ihn mißverstanden haben.« Biddle zögerte nicht, »Freuds materialistische Philosophie« für »unhaltbar« zu erklären, aber erkannte gern an, daß »seine psychoanalytischen Entdeckungen nicht summarisch als irreligiös und verderblich abgetan werden können«. In der Tat, »wenn die Wahrheit von Freuds Entdeckungen ans Licht gebracht ist, wird man finden, daß sie nicht im Widerspruch zu religiösen Lehren stehen. Im Gegenteil. Freud entdeckte, daß der Mensch von Natur aus religiös ist und daß die Vorstellung des ›Höchsten Wesens‹ eine *Erfahrung* der Kindheit ist«. Kurz, »Freuds Kampf galt im Grunde nicht der *Religion*, sondern dem religiösen Dogma«.[53]

Die Entdeckung einer gemeinsamen Grundlage von Glaube und Psychoanalyse ist wieder und wieder gemacht worden. Vielleicht sein energischster und scharfsinnigster Fürsprecher ist R. S. Lee gewesen, ein in der Psychoanalyse wohlbewanderter anglikanischer Geistlicher. Lee vermeidet sowohl Herablassung als auch Rechtfertigung, wenn er für die Zusammenarbeit von Theologen und Psychoanalytikern auf der Grundlage der Verträglichkeit statt einer eingebildeten Identität plädiert. Die beliebte Bezeichnung der Psychoanalyse als einer Magd der Religion, die imstande sei, »das Christentum von nicht-christlichen Elementen zu säubern«, ist noch in seinem Buch erkennbar, doch Lees Bemühungen gehen darüber hinaus. An Christus sowohl als auch an Freud glaubend, ist er davon überzeugt, daß sie miteinander vereinbar sind.[54]

Um seine Lehre von zwei getrennten, gleichwertigen und einander nützlichen Sphären zu stützen, versucht Lee von Anfang an, die alte Geschichte vom unlösbaren Konflikt zwischen Religion und Wissenschaft zu diskreditieren. Die Fundamentalisten seien durchgehend im Unrecht, was die Tatsachen betrifft: Die buchstabengetreue Wahrheit der Genesis sei sicher unhaltbar. Doch solche christlichen Historien wie die von der Schöpfung seien Parabeln und Mythen, die als solche ihre Berechtigung hätten. Kurz – die Wissenschaft habe ihre eigene Domäne; sie stelle Fakten fest, während die Religion eine Wertordnung aufbaue. Daraus folge, daß eine gegenseitige Duldung vernünftig und unerläßlich sei. Einen solchen Standpunkt hat, wie wir wissen, William James um die Jahrhundertwende eingenommen.

Indem sich Lee geschickt Freuds Darstellung der psychologischen Entwicklung für die Mission des Christentums zu eigen macht, versucht er zu zeigen, daß die psychoanalytischen Auffassungen der geistigen Struktur, des Unbewußten und des Todestriebes, alle auf den Weg zu einem gereinigten, psychoanalytischen Christentum hinweisen. Die Christen müssen »eine neue Theologie des Himmels« entwickeln, »eine, die dem Lebenstrieb gerecht wird«.[55] Die Analyse vermag sogar mehr: Sie kann die Beziehungen des Gläubigen zu seiner Kirche als Mutter und seinem Gott als Vater klären und die Gefahren einer schuldbeladenen Über-Ich-Religion überwinden. Lee preist Freud als den großen modernen Lehrer des Christentums. »Zwei der Hauptmerkmale eines Christen sind Freiheit und Liebe. Die Psychoanalyse zeigt, daß sie nicht von dem hervorgebracht werden können, was ich Über-Ich-Religion nannte, mit ihrer Betonung von Sünde, Schuld und Bestrafung – ihrem Kastrationskomplex.« Indem er Freuds berühmte Definition der Ziele der psychoanalytischen Therapie übernimmt – »Wo Es war, soll Ich sein« –, schließt Lee: »Freiheit meint nicht allein Freiheit des Ichs ... Sie bedeutet, daß Es, Ich und Über-Ich alle imstande sind, zu stärkerem Ausdruck zu gelangen, weil sie die richtigen Beziehungen zueinander durch die Führung des Ich gefunden haben.[56] Das ist eine erstaunliche Umkehrung: Die Psychoanalyse, die Magd der Religion, ist zu ihrer Herrin und Richtlinie geworden. Lee entlehnt das Lackmus-Papier, das die echte von der falschen Religion trennt, von Freud, dem gottlosen Juden, selbst.[57]

Die jüdische Reaktion auf Freuds Zergliederung der Religion umfaßte, wie die christliche Reaktion, ein weites Spektrum: Schweigen, Ablehnung, Herablassung, Lob, Aneignung. Die meisten Rabbiner, jüdischen Theologen und jüdischen Fachzeitschriften ignorierten beharrlich die Psychoanalyse und die Probleme um des Glaubens willen: Wie zum Beispiel die *Jewish Quarterly Review* Freud buchstäblich nicht zur Kenntnis nahm, bezeugt diese entschlossene Abwehr. Mitte der fünfziger Jahre resümierte Robert L. Katz, keineswegs ein teilnahmsloser Beobachter, Freuds Beitrag zum jüdischen Gedankengut als unbedeutend: »Freuds eigene Religionsstudien«, bemerkte er, hätten »wenig schöpferischen Einfluß auf den Judaismus und haben in der Tat einen nicht geringen Widerstand hervorgerufen gegen die psychoanalytische Spekulation über Probleme der jüdischen Geschichte und Theologie«.[58] Seitdem hat sich die Lage nicht wesentlich verändert. Für die beiden fruchtbarsten jüdischen Denker unseres Jahrhunderts, Franz Rosenzweig und Martin Buber, hätte Freud tatsächlich nicht zu leben brauchen. Rosenzweig war zwar, wie verstreute Eintragungen in seinen Tagebüchern und Kommentare in seinen Briefen bezeugen, an Freud nicht uninteressiert; er hatte *Totem und Tabu* gelesen, war vertraut mit Freuds Traumlehre und dem Ödipuskomplex, aber die Psychoanalyse fand in seinen Schriften keinen Niederschlag.[59] Buber seinerseits lehnte Freud konsequent ab; er beabsichtigte mehrmals, eine Widerlegung der Psychoanalyse zu schreiben.[60] Es hat keinen jüdischen R. S. Lee, geschweige denn einen Paul Tillich gegeben.

Der Widerstand, nicht unerwartet, erreichte zeitweilig das Ausmaß scharfer Denunziation. Dr. Martin Kushner, der von einem frommen jüdischen Standpunkt aus schrieb, denunzierte Freud 1967 als einen »Romanautor«, der für viel Kauderwelsch verantwortlich sei. »All dieses Gerede von Freud« über infantile Sexualität »ist unverständliches Geschwätz«.[61] Wiederum nicht unerwartet, würzte Kushner seine Schimpfkanonade mit den religiösen Metaphern, die sich seit eh und je als Hindernis für eine ausgewogene Lektüre von Freuds Werken erwiesen haben, und spricht von der »Priesterschaft des Freud-Kults« und Freuds »üblem Einfluß auf die Gesellschaft«.[62] Was Kushner besonders beunruhigte, war Freuds »zersetzende« Wirkung auf moralische Wertmaßstäbe und daß Freud Homosexuelle, Lesbierinnen, Päderasten, Sadisten und Masochisten vom »Stigma, als sexuell Perverse bezeichnet zu werden«, befreit und ihnen den Status der Natürlichkeit gegeben habe. »Dies Weißwaschen sexueller Perversionen ist eines der Grundkonzepte von Freuds Psychoanalyse.«[63]

Freuds angebliche Gleichgültigkeit oder gar Feindseligkeit gegen eine notwendige Moralität hat auch in den Jahrzehnten nach seinem Tode nicht aufgehört, fromme Juden zu erregen. Im Jahre 1976 hat Avrohom Amsel, ein orthodoxer Rabbiner und Sozialarbeiter, unterstützt von bedeutenden jüdischen Theologen in Israel und den Vereinigten Staaten, die ethische Einstellung des Judentums zum Seelenstudium, wie sie der Thora und dem Talmud entspricht, gegen die nicht-ethische Psychoanalyse aufgeboten. Die Ursache seelischer Unruhen, sagt Amsel rundweg, sei die Sünde, Freud jedoch und die Freudianer absolvierten den Sünder als lediglich krank; und Amsel stimmt mit Kushner überein, daß die Folgen für die Gesellschaft verhängnisvoll seien.[64] Diese Anklage wurde ein fruchtbarer Boden für weitere Denunziationen. 1979 hat Joel Klein vom *Institute of Child Study* in Toronto die Psychoanalyse der Thora gegenübergestellt und die erstere als verhängnisvolle Zerstörung der letzteren bezeichnet. Freuds Lehre, so wollte es Klein wissen, liefe im wesentlichen auf eine »Beschneidung des Gewissens des Patienten« hinaus.[65] Noch schlimmer, Freud führe die antireligiöse Haltung mit Gewalt in die Psychotherapie ein, schreibe mit Bedacht vielen sozialen Problemen religiöse Ursachen zu und kämpfe aktiv gegen die religiösen Überzeugungen seiner »Klienten«. Diese Vorurteile notierte er stolz in seinen Tagebüchern.[66] Es braucht nicht betont zu werden, daß diese Anschuldigungen erfunden sind. Freud kämpfte weder gegen die religiösen Überzeugungen seiner »Klienten« noch hat er sie in seinen Tagebüchern aufgezeichnet.

Andere jüdische Kritiker der Freudschen Gedankenwelt waren weniger phantasie- und temperamentvoll, doch nicht weniger erschreckt über die Gefahren der Psychoanalyse für die moralischen Gewißheiten, von denen die Gesellschaftsordnungen zusammengehalten würden. Anfang der sechziger Jahre hat Stuart E. Rosenberg in Toronto, damals Rabbiner der größten jüdischen Gemeinde Kanadas, großzügig erklärt, die »Freudsche Revolution« sei zur rechten Zeit und am rechten Ort gekommen und habe »positive«, in der Tat »große und gewichtige« Beiträge für unser Verständnis des menschlichen Seelenlebens geleistet.[67] Zugleich jedoch warf Rosenberg den »orthodoxen Freudianern« vor, sie erstickten des Menschen Gewissen im Keim, und belehrte sie über die Freiheit, »die nicht aus der Abwesenheit von Regeln und dem Mangel an Selbstbeherrschung bestehe«.[68]

Gegenüber solchem Aufgebot von zornigen und furchtsamen jüdischen Kritikern Freuds sind friedlichere jüdische Stimmen, genau wie ihre christlichen Entsprechungen, in der Minderheit geblieben. Aber in den letzten Jahren ist diese Minderheit zunehmend vernehmbarer geworden, unterstützt von der stärkeren Bemühung, das Rabbinat als einen der »helfenden Berufe« zu gewinnen. Während die »klinische Seelsorge«, wie ein gut informierter Beobachter in den fünfziger Jahren vermerkte, »in den Rabbinaten relativ wenig Beachtung gefunden hat«[69], seien sie doch nicht ganz und gar unberührt geblieben. Der Ruf nach wenigstens einer Spur von psychologischer Verfeinerung habe die jüdische Geistlichkeit infiziert, und man bemühe sich ehrlich, in Freuds Schriften zumindest einen gewissen Wert zu entdekken. Ein guter Teil dieser modernen seelsorgerischen Psychologie sei, mit voller Absicht, höchst eklektisch geblieben und habe so unvereinbare Gestalten wie Erich Fromm und Martin Buber mit Sigmund Freud in ein Joch gespannt.[70] Einige jüdische Publizisten, die sich bemühten, die verschiedenen Aufgaben von Psychoanalyse und Religion neu zu bestimmen, gingen von dem vertrauten, relativ sicheren Standpunkt aus, es handele sich um getrennte, wenn auch wesensverwandte Sphären. Pfister, der seinen liberalen psychoanalytischen Protestantismus als die für die Aufnahme der Freudschen Lehren geeignetste Theologie bezeichnet hatte, erhielt in den letzten Jahren einige ernsthafte Konkurrenten unter den Reformjuden.[71]

Rabbi Joshua Loth Liebman demonstrierte in den vierziger Jahren, nicht lange nach Freuds Tod, wie aktiv und wirksam dieser Wettstreit werden könnte. Liebman war mehr ein kulturelles Phänomen als ein seriöser Denker. Am *Hebrew Union College* in jüdischer Philosophie promoviert, wurde er Rabbiner des *Reform Temple Israel* in Boston und Universitätsprediger in den *Ivy League Colleges* und entwickelte sich zu einem weithin gehörten Radioprediger im amerikanischen Rundfunk. 1946, im Alter von 39 Jahren, veröffentlichte er seinen erstaunlichen Bestseller *Peace of Mind.* Das Land schien auf das Buch gewartet zu haben: Es verbuchte respektvolle Empfehlungen, ekstatische Besprechungen und riesige

Verkäufe. 20 Jahre nach dem Ersterscheinen hatte das Buch 14 Auflagen, eine Gesamtauflage von mehr als 900 000 und Millionen von Lesern. Liebman starb vorzeitig im Alter von 41 Jahren an einem Herzleiden, nicht ohne jedoch vorher noch seine erstaunliche Popularität zu erleben.

Die Botschaft, die Liebman der Welt predigte, war die einer unermüdlichen Hoffnung. Seine Witwe berichtete, daß er sich einen »einstweiligen Optimisten« zu nennen pflegte.[72] Aber das ist ein zu zaghaftes Selbstlob. Für Liebman waren die Menschen im wesentlichen gut, und wenn sie in die Irre gingen, ihre Gefühle unterdrückten und in der Liebe Schiffbruch erlitten, könnten sie geheilt werden, und zwar durch Freudsche Psychologie. Für Liebman, der unmittelbar nach dem Zweiten Weltkrieg schrieb, war Freud der »größte Kartograph des Bewußtseins, der erste Wissenschaftler, der eine wirklich nutzbringende Karte des Landes der Psyche zeichnen konnte«.[73] Für ihn war Freud der moderne Psychologe schlechthin, der eine »dynamische Psychologie« geschaffen und sich als der »scharfsinnigste Analytiker unserer Zivilisation und ihrer Störungen« erwiesen habe.[74] Dem Gründer großzügig seinen Respekt erweisend, füllte Liebman seine Buchseiten mit Fachausdrücken wie Verdrängung, Narzißmus, Identifizierung. Frau Liebman betonte zwar, daß ihr verstorbener Gatte nicht auf Psychologie fixiert gewesen sei[75]; aber die ungewöhnliche und dankbare Zuneigung, die er sich beim Publikum erwarb, beruhte auf seiner gewinnenden Verschmelzung von Psychoanalyse und Ermunterung. *Sein* Freud sollte sozusagen Gott helfen, dem Menschen zu helfen.

Liebman hielt jedoch vor dem Versuch inne, Religion und Psychologie zu integrieren. Er war nicht für eine Vermählung, sondern für eine Partnerschaft, für die tatkräftigste und wohltätigste Zusammenarbeit. So konnte er seine Leser beruhigen: Die Invasion der Freudschen Analyse sollte nicht die Religion aus ihren Herzen vertreiben. »Unter keinen Umständen«, betonte er, »ist die Furcht gerechtfertigt, daß die Psychiatrie jemals den Platz der Religion einnehmen oder den spirituellen Bereich obsolet machen könnte«. Während sich die beiden »in vielen Punkten treffen, unterscheiden sie sich grundlegend sowohl im Ziel als auch im Wesen«.[76]

Liebman beruhigte sein Publikum noch über einen anderen störenden Punkt. War Freud nicht der unversöhnlichste Gegner jeder Religion, das Judentum eingeschlossen? Hat Freud, der hartnäckige Atheist, den Frommen etwas zu sagen? Das war ein Problem, doch Liebman löste es mit charakteristischer Leichtigkeit. Er gab zu, daß Freud eine »negative Einstellung zur Religion« gehabt habe und daß er, wie auch »einige seiner Schüler«, »voreingenommen« gewesen sei. Aber wie einige christliche Geistliche darauf erpicht, sich Freuds zu bedienen, machte Liebman geltend, daß die »Gegnerschaft« der Freudianer zur Religion nicht wirklich im Mittelpunkt der Psychoanalyse stünde. Sie sei eher »ein Zufall ihrer persönlichen Biographie und entwerte in keiner Weise die geistliche Nützlichkeit ihrer Entdeckungen über die menschliche Natur«.[77] In der Tat sei Freud glücklicherweise weitaus religiöser, als er selbst gewußt habe. »Sigmund Freud, der Begründer der Psychoanalyse, hatte tatsächlich ein geistliches Ziel, wenn er auch sich dessen nicht bewußt gewesen sein mag.«[78] Es sei also für den religiösen Leser völlig gefahrlos, sich Freud anzuvertrauen – aber nur unter Führung von Liebman. Liebmans Rezept ist schlicht und, wie er gesagt haben könnte, »herzerwärmend«. Das zeigt sich in seinen Kapitel-Überschriften: »Gewissen erzeugt Feiglinge«; »Liebe dich richtig«; »Liebe oder verdirb«. Oberflächlich betrachtet, ähneln Liebmans Ratschläge zwar Freuds Devise: Lerne dich kennen und dich auszudrücken. Aber sie sind Freuds Geist völlig fremd. »Du sollst dich vor deinen verborgenen Trieben nicht fürchten«, beginnt die Liste von Liebmans Geboten – sieben statt zehn –, mit einem sanften Blick auf die anstrengende und unangenehme Arbeit des Analysanden auf der Couch, aber sie zugleich auch listig umkehrend. »Du sollst die innere Angst überwinden«, fährt Liebman fort, war sich offenbar aber nicht bewußt, daß er ein Ziel empfahl, das Freud als eine unmögliche Phantasie aufzeigte. Aber in Liebmans Welt werden alle Wunden geheilt, alle Störungen behoben. Freuds strenges Bild des Menschen als eines immer wünschenden, immer im Widerstreit liegenden, immer hassenden Tieres hat sich in einem rosigen Nebel unbegrenzter Möglichkeiten aufgelöst. Liebman betonte in seinem abschließenden Kapitel, daß sogar seine flexible Religion nicht mit Freuds Ideen identisch sei. Dies ist ein

Understatement: Liebmans umfangreiche, heitere Selbsthilfeanleitung beweist Seite für Seite, daß sogar eine so nachgiebige, so sanfte, so psychologische Religiosität wie die Liebmans eine, offen gesagt, Antithese von Freuds Wissenschaft ist.

Unorthodoxe Theologen, jüdische wie christliche, von Freud betört oder zumindest beeindruckt, haben sich nicht als einzige an einem Versöhnungsprogramm versucht. So wie eine Minderheit von Gläubigen versucht hat, die Psychoanalyse für die Religion zu retten, so haben einige Psychoanalytiker versucht, den umgekehrten Weg zu gehen, nämlich die Religion für die Psychoanalyse zu retten. Ernest Jones, der den größten Teil seines reifen Lebens unter jüdischen Analytikern verbracht hat, sah in allen nur aufrichtige Atheisten: »Ich habe nie das Glück gehabt, einen Juden kennenzulernen, der einen religiösen Glauben hatte, geschweige denn einen orthodoxen.«[79] Und er hatte völlig recht: Ein Blick auf die Schriften von Otto Rank, Theodor Reik, Sándor Ferenczi oder Karl Abraham über religiöse Mythen und Rituale, über Heilige und Festtage zeigt, daß die erste Generation der Psychoanalytiker die unaufhebbare Spannung zwischen Wissenschaft und Religion einfach als gegeben hinnahm. Jones selber war nicht geneigter, sich mit Religion zu befassen, mochte sie auch noch so liberal sein, als jene jüdischen Ungläubigen. Er spielte lange mit dem Gedanken, eine »Biologie der Religion« zu schreiben. Als Freud Jones wissen ließ, daß er an einige Arbeiten über Religion dachte, Arbeiten, aus denen dann *Totem und Tabu* werden sollte, redete Jones ihm begeistert zu: »Die aufregendste Mitteilung in Ihrem Brief war, daß Sie sich entschlossen haben, sich religiösen Problemen zu widmen. Offensichtlich ist dies das letzte und stärkste Bollwerk dessen, was man die anti-wissenschaftliche, anti-rationale oder anti-objektive Weltanschauung nennen könnte, und zweifellos können wir von dort den stärksten Widerstand und das heftigste Kampfgetümmel erwarten.«[80]

Aber eine spätere Generation von Psychoanalytikern war in ihrer Ablehnung jeder Religion nicht mehr ganz so kategorisch. Einer der Prominentesten in der Mitte der zwanziger Jahre, Erich Fromm, stammte aus einer orthodoxen jüdischen Familie und war nach Studien bei orthodoxen jüdischen Lehrern und Professoren zur Psychoanalyse gekommen. Seine Entdeckung von Marx, dem er weit länger als Freud die Treue hielt, gab seinen analytischen Schriften, sogar in ihrer strengsten »orthodox-freudianischen« Phase, ihr unverkennbares Gepräge. Sowohl der Judaismus, den er angeblich in seinen zwanziger Jahren aufgab, als auch der Marxismus, dem er die Treue hielt, stärkten seinen feurigen – seine Kritiker würden sagen, messianischen – Eifer, einen Glauben aufzubauen, mit dem die Menschen leben konnten. Während der Jahre, in denen er innerhalb des Freudschen Ambiente mit gutem Gewissen tätig war, veröffentlichte er Arbeiten über die Religion, die ganz im Geist von Theodor Reiks Studien über das Ritual gehalten waren. Aber nachdem er seine eigene soziologische Psychologie entwickelt hatte und zunehmend skeptischer gegenüber Freud, dem Mann und dem Werk, wurde, veränderte sich der Schwerpunkt seiner Arbeit. In seinem ungeheuer populären kleinen Buch über die Beziehung religiöser Glaubensvorstellungen zur Psychoanalyse räumte er der Psychoanalyse einen Platz neben den großen östlichen und westlichen Religionsstiftern ein. Ihr Ziel sei es gewesen, die Kräfte der Menschheit zur Liebe und Vernunft zu »entfalten«. Wie Fromm meinte, »kann die Psychoanalyse, weit davon entfernt, eine Bedrohung dieses Ziels zu sein, im Gegenteil viel zu ihrer Verwirklichung beitragen«.[81] Im Grunde sei die Psychoanalyse ein religiöses Trachten: »Es gibt niemanden ohne ein religiöses Bedürfnis, ohne das Bedürfnis, ein System der Orientierung und einen Gegenstand der Verehrung zu besitzen«.[82] Sich einer Rhetorik bedienend, die der Pfisters sehr nahekommt, definierte er die Psychoanalyse als Seelenkur.

Damit wilderte er tatsächlich in Pfisters Jagdgründen: Wie zu erwarten, fand Fromm den Schlüssel zu dieser Kur im Eros. *»Die analytische Therapie ist im wesentlichen ein Versuch, dem Patienten dabei zu helfen, seine* Liebesfähigkeit zu erlangen oder wiederzuerlangen.«[83] Es besteht, wie wir gesehen haben, einige Berechtigung, aufgrund von Freuds Schriften die Liebe als privilegiertes Heilmittel für seelische Krankheit und höchstes Zeichen der Genesung zu bezeichnen.

Aber Freuds trockener und skeptischer Ton unterscheidet sich scharf von dem Fromms: Er ist weniger

exaltiert, weniger sentimental und näher der Wirklichkeit. Freud, wir wissen es, war gewillt, die Liebe als den Urgrund menschlicher Erfahrung aufzufassen, wenn, wie er Pfister schrieb, der Haß in dem Bild nicht fehlte. Das heißt nicht, daß Fromm das Freudsche Lager völlig verließ. Die Hilfe, schrieb er, die der Analytiker seinem Patienten zukommen lasse, bestehe darin, seine Kritikfähigkeit zu stärken: Wenn man keine gültigen Aussagen über Gott machen kann, so kann man doch »solche Aussagen über das Gegenteil, über Götzen, machen«. Ist es nicht »an der Zeit«, fragt Fromm betont, »mit dem Streiten über Gott aufzuhören und sich statt dessen zusammenzutun, um die gegenwärtigen Formen der Götzenverehrung zu demaskieren?« Die modernen Idole, die nach Bloßstellung riefen, sind »die Vergottung des Staates und der Macht in autoritären Ländern und die Vergottung der Maschine und des Erfolges in unserer eigenen Kultur«.[84] Dieses Lob der Kritik war, wenn man konkrete politische Bezüge außer acht läßt, gute psychoanalytische Sprache.
Es war Fromm auch gleichgültig, ob die Leute »religiös« waren oder nicht. Höchsten Vorrang hätten der Zusammenschluß »in fester Ablehnung der Götzenverehrung« und die Suche nach einem »gemeinsamen Glauben in dieser Ablehnung«.[85] Fromm war kein Theist. Er predigte »Demut« und »Brüderlichkeit«.[86] Dieser friedliche Eklektizismus, diese Indifferenz gegenüber jeder Religion, sofern sie keine Götzenverehrung ist und solange man sich mehr um den Geist kümmert als um Worte oder Einrichtungen, wäre

Freud als eine traurige Flucht vor dem wissenschaftlichen Geist erschienen.

Fromms Rezept war ganz allgemein, mehr Sache von Einstellungen als Dogma. Aber einige seiner Kollegen, besonders die britische Psychoanalytikerin Marjorie Brierley, entdeckten im psychoanalytischen Denkgebäude nicht einen Platz nur für den religiösen Geist schlechthin, sondern für den christlichen Geist. In ihrer Erörterung dessen, was sie »ganzheitliches Leben« nennt – kurz, geistige Gesundheit, eine Bezeichnung, die Freud, überzeugt davon, daß alle Menschen ein wenig neurotisch seien, im ganzen vermied –, sah Brierley im Christentum »eine Methode der Integration.« Im Gegensatz zu den meisten anderen Kulturkritikern vertraute sie darauf, daß das »rasche Ableben« des Christentums sehr unwahrscheinlich sei. Es könnte sogar neben den Wissenschaften vom Menschen bestehen bleiben, weil die »Überzeugung der Christen, daß ihre Religion andauern wird, nicht nur Wunschdenken ist, sondern psychologisch gerechtfertigt«.[87]

»Psychologisch« gerechtfertigt: Brierleys Umstandswort ist bezeichnend. Nach ihrer Auffassung hat die christliche Religion Zugang zu psychologischen Wahrheiten und ist daher geeignet, menschlichen Bedürfnissen zu dienen. Der Wunsch zu verehren und anzubeten sei keine niedere Abirrung, sondern vielmehr eine der stärksten menschlichen Leidenschaften. Sie räumte ein, die moderne Religion könne »inhärent instabil« sein, denn selbst tolerante Protestanten neigten dazu, den »Bürgerkrieg innerhalb der

Persönlichkeit zu perpetuieren«. Sie räumte weiterhin ein, wie schon R. S. Lee vor ihr, daß der antireligiöse Geist der wissenschaftlichen Gemeinschaft wohlfundiert sei. Doch, kritisierte Brierley, wie William James, die Rationalisten, daß sie sich nur mit den oberflächlichen Manifestationen der tiefen Bedürfnisse beschäftigten, welche die Religion zumindest befriedigt habe. Sie sah sogar eine gewisse Berechtigung für das Argument, daß »das moderne Chaos menschlicher Werte« auf den »Zusammenbruch der Religion« zurückzuführen sei. Gewiß sei das konservative Heilmittel, »Rückkehr zu veralteten Dogmen und Ritualen«, zu primitiv. Aber die Menschheit müsse herausfinden, wie sie ohne den Trost der Illusion leben könne. Freud hatte natürlich gerade diese Bestrebung zum Kernstück seines Programms menschlicher Aufklärung durch die Psychoanalyse gemacht. Doch Brierleys Definition von Illusion unterschied sich deutlich von Freuds unverblümter atheistischer Definition; ihr Herz gehörte der Religion, genauer gesagt, einem vernünftigen Christentum mit allen seinen nachweisbaren Mängeln. Sie war erfreut darüber, daß sie überall um sich herum ermutigende Deutungen ihres Glaubens zu sehen bekam. »Das Christentum mag angegriffen und in der Verteidigung sein, aber es ist zugleich im Angriff und auf dem Vormarsch.«[88] Und genau das war es, was bei Freud böse Vorahnungen hervorrief.

Wie Fromm stellte auch Brierley mit Genugtuung fest, daß sogar einige römisch-katholische Theologen begannen, in einen Dialog mit der Psychoanalyse zu treten. Zwar verdammte Papst Pius XII. die Psychoanalyse ausdrücklich als »pansexualistische Methode«, welche die Moral verderbe und die Seele zersetze.[89] Aber andere Katholiken nahmen, wie wir gesehen haben, eine weitaus versöhnlichere Haltung ein. Zu den interessantesten gehörte der Psychoanalytiker Gregory Zilboorg, ein gewandter und fruchtbarer Essayist, der bereits einige Jahre vor seiner Konversion zum Katholizismus publizistisch für die Religion eingetreten war. Zilboorgs Argumente sind alle vertraut, wenn auch in seinen Schriften mit außergewöhnlicher Geläufigkeit vorgebracht. Während Freud selbst, wie Zilboorg anmerkte, jeden Versuch, seine Ideen mit denen christlicher Theologen gleichzusetzen, zurückgewiesen haben würde, so enthüllten doch, wenn aufmerksam gelesen, die Gedanken von Thomas von Aquin über die Seele oder auch die vieler anderer gläubiger Autoren über die Liebe grundlegende Übereinstimmungen zwischen christlicher und psychoanalytischer Lehre. Selbst das Konzept der Erbsünde oder des menschlichen Sündenfalls fände, behauptet Zilboorg, seine empirische Entsprechung in den Entdeckungen der Psychoanalyse.[90] Es sei wirklich sehr bedauerlich, daß Freud seine Augen vor diesen Wahrheiten verschlossen habe. Das sei »Szientismus, nicht Wissenschaft«. Für Zilboorg hatte sich Freud in einen faszinierenden Widerspruch verfangen: Er habe sich sozusagen selbst im Wege gestanden.[91] Als Psychologe, der bahnbrechende Entdeckungen über die Natur der Liebe und der Schuld gemacht habe, wäre er vorzüglich geeignet gewesen, die Leistung anzuerkennen, welche die Religion für den Menschen und für die Kultur vollbringe. Statt dessen habe er sie mit Verachtung behandelt. Freud war ein großer Mann, daran zweifelte Zilboorg nicht, aber vom religiösen Standpunkt aus müsse er als ein tragischer Versager bezeichnet werden.

Alle diese Versöhnungsversuche, alle diese Bemühungen, Freud vom theologischen oder psychoanalytischen Standpunkt aus seinen Platz zuzuweisen, haben sehr wenig gefruchtet. Freud jedenfalls war nicht gesonnen, für solche wohlgemeinten ökumenischen Bestrebungen dankbar zu sein. Seine Kritik der moral-theologischen Spekulationen, in denen der bedeutende amerikanische Neurologe James Jackson Putnam sich erging, bezeugt diese Haltung vortrefflich. Putnam war spät zur Psychoanalyse gekommen, und Freud schätzte ihn, den berühmten Harvard-Professor, sowohl um seinetwillen als um den Ruf, den er Freuds junger und umstrittener Bewegung bringen könnte. 1915 veröffentlichte Putnam sein Buch *Human Motives,* worin er Psychologie und Moral, Psychoanalyse und Theologie kühn vermischte und darlegte, daß es Gott geben müsse, weil die Menschen sich seine Existenz vorstellen können. Freud wandte offen ein: »Ich kann den Übergang von der psychischen Realität unserer Vollkommenheiten zur faktischen Existenz derselben nicht finden«, schrieb er an Putnam und fügte ein wenig boshaft hinzu: »Ich habe gar keine Angst vor dem lieben Gott. Wenn wir einander einmal begegneten ... würde ich ihn fragen, warum er mich nicht intellektuell besser ausgestattet hat.« Das war ehrlich genug, doch zwei Tage später vertraute er seinem Freund Sándor Ferenczi den tieferen Grund für seine Unzufriedenheit mit *Human Motives* an. Wenn das Buch nicht als Popularisierung beabsichtigt wäre, würde er sagen, es sei armselig. Würdig wie immer, auch loyal, aber voll des religiösen Gefühls, das er unabweislich ablehnen müsse.[93] Für Freud war also der gemeinsame Boden von Psychoanalyse und Glauben, den einige entdeckt zu haben glaubten, ein schwankender, verräterischer Morast, in dem beide versinken mußten. Wie schwankend, zeigt ein Blick in das Buch *Psychoanalysis and Religious Experience* von W. W. Meissner, das ich bereits erwähnt habe. Meissner plagt sich, neben anderen Themen, mit Freuds Briefwechsel mit Pfister ab. Sowohl Jesuit als auch Psychoanalytiker, schreibt er als Kenner der beiden einander feindlichen Welten, die er auf irgendeine Weise miteinander auszusöhnen hofft. Aber er muß zugeben, daß sogar die »nuancierteste und gescheiteste« Psychoanalyse sich von der Religion unterscheiden und von ihr getrennt bleiben müsse. »Die Theologie beginnt gewissermaßen da, wo die Psychoanalyse aufhört.« Sie könnten Nachbarn, doch keine Partner werden. Alles, was man erhoffen könne, seien »gegenseitige Bestärkung und Dialog«.[94] Die ernsthaften, tatkräftigen Bemühungen um Versöhnung, unternommen, bevor Meissner zu diesem ziemlich hoffnungslosen Schluß kam, Bemühungen, die 1908 mit Pfister begonnen hatten, sie alle haben sich als in die Länge gezogene Verhandlungen herausgestellt, die nirgendwohin führten, sondern nur in einer Konkurserklärung geendet haben.

Dieser Mißerfolg würde Freud zweifellos belustigt, aber nicht überrascht haben. Er war unvermeidlich, ja, geradezu voraussagbar. Die einfallsreichste Gelehrsamkeit oder der umfassendste Friedenswillen konnten und sollten nicht die Feindschaft zwischen Wissenschaft und Theologie, Psychoanalyse und Religion aufheben. Gegen Ende seines Lebens wiederholte Freud diese Überzeugung noch einmal in einem Brief an Charles Singer, den hervorragenden Wissenschaftshistoriker. Singer befürchtete, Freuds in Vorbereitung befindliches Buch über Moses und den Monotheismus werde einen Angriff auf die jüdische Religion darstellen. Freud erwiderte: »Einen Angriff auf die Religion kann man es nur insofern heißen, als ja jede wissenschaftliche Untersuchung eines religiösen Glaubens den Unglauben zur Voraussetzung hat.«[95] Keine Formulierung könnte lapidarer oder schlüssiger sein als diese. Freud hatte, wie wir wissen, gefragt, warum es ein gottloser Jude hatte sein müssen, der die Psychoanalyse begründet habe. Der erste Teil der Aussage, die Gottlosigkeit, steht nun, glaube ich, ziemlich fest. Aber ein Jude? Diese Frage harrt noch ihrer Antwort.

3. Die Frage einer jüdischen Wissenschaft – *»Ein Ehrenname«*

Wenn man die Psychoanalyse als »jüdische Wissenschaft« bezeichnet, begibt man sich in eine unerwünschte Gesellschaft, einen widersprüchlichen Bund von Juden, die Freud eifrig für sich in Anspruch nehmen, und übelwollenden Nichtjuden, die ihn nicht weniger eifrig herabsetzen. Auf der einen Seite findet man zum Beispiel A. A. Roback, einen Judaisten und Psychologen, der Ende der zwanziger Jahre die Frage stellte: »Ist die Psychoanalyse eine jüdische Bewegung?«, und dem es gefiel, sie zu bejahen.[1] Auf der anderen Seite befindet sich William McDougall, ein produktiver und angesehener Sozialpsychologe. »Freuds berühmte Theorie«, schrieb er 1921, »ist eine Theorie der Entfaltung und Tätigkeit der Seele, die von einem Juden entwickelt wurde, der hauptsächlich jüdische Patienten untersucht hat; und sie scheint Juden sehr stark anzusprechen. Viele, vielleicht die Mehrheit der Ärzte, die sie als ein neues Evangelium, eine neue Offenbarung aufnehmen, sind Juden.« Hier sind wieder, so möchte ich einschalten, diese eingängigen und, wie es scheint, unvermeidlichen theologischen Metaphern. »Es sieht aus, als ob Freuds Theorie«, folgert McDougall, »die mir und den meisten meinesgleichen so seltsam, bizarr und phantastisch erscheint, ziemlich typisch für die jüdische Rasse ist.«[2] Er paraphrasiert Jung, macht jedoch ausdrücklich dessen Beobachtung zu seiner eigenen.

Nichtsdestoweniger genießt das Epitheton »jüdische Wissenschaft« das Wohlwollen der höchstmöglichen Autorität: von Anna Freud. 1977 beschloß sie die Inaugural-Vorlesung, die sie für den Sigmund-Freud-Lehrstuhl der Hebräischen Universität in Jerusalem geschrieben hatte, mit einer höchst provokatorischen Bemerkung: Die Psychoanalyse sei kritisiert worden, weil ihre Methoden unpräzise, ihre Befunde experimentell nicht bewiesen seien, weil sie unwissenschaftlich, ja, sogar eine »jüdische Wissenschaft« sei. Wie immer man die anderen abschätzigen Kommentare bewerten möge, so könne doch, meinte Anna Freud, das zuletzt erwähnte Beiwort unter den gegenwärtigen Umständen als Ehrentitel gelten.[3] In Anbetracht der wohlbekannten Tatsache, daß Anna Freud sich weigerte, von den Ansichten ihres Vaters abzuweichen, ist dies eine Aussage, die zu überhören wir uns nicht gestatten dürfen.

Aber Anna Freuds Absichten sind nicht ohne weiteres klar. Ihre Feststellung bezieht ihren Sinn aus der jüngsten Geschichte; es geschah schließlich »unter den derzeitigen Umständen«, daß sie meinte, die Psychoanalyse solle das Schimpfwort annehmen und es stolz als Ehrenzeichen tragen. Sie bezog sich also nicht auf den Ursprung der Psychoanalyse. Ist diese also im Laufe der Zeit irgendwie jüdisch *geworden*? Hat der Loyalitätsdruck, das Gedenken an die Opfer

Hitlers, die Überlebenden veranlaßt, das Jüdische an dieser Wissenschaft hervorzuheben? Solche Fragen sind bezeichnend für die trübe Atmosphäre, in welcher der Streit jahrzehntelang geführt wurde, aber sie klären die Auseinandersetzung nicht. Wie wir soeben gesehen haben, warteten die Bewunderer Freuds wie seine Gegner nicht auf die Schrecken der dreißiger und vierziger Jahre, um die Psychoanalyse als jüdisch zu bezeichnen. In der Tat sind auch die Juden in dieser Frage nicht müßig gewesen. So wie Pfister versucht hatte, Freud zu einem Christen zu machen, so suchten ihn Juden in ihre eigenen Reihen einzuordnen. 1931 gratulierte David Feuchtwang, damals Oberrabbiner von Wien, Freud zu seinem 75. Geburtstag und richtete seine guten Wünsche deutlich an den »großen – nicht zuletzt jüdischen – Forscher, Gelehrten und Menschen. Vielleicht sind die letzten Wurzeln und Keime Ihrer intellektuellen Konstruktion im jüdischen Land zu suchen – vielleicht. Der Autor der *Zukunft einer Illusion* ist mir näher, als er denkt.«[4]

Anna Freuds Vater bemühte sich nach Kräften, nicht so zu denken; sein Leben lang ließ er es sich angelegen sein, eine solche Identifizierung zu verhindern. 1908 bemerkte er in einem Brief an Karl Abraham über Jung, nur dessen Erscheinen habe die Psychoanalyse davor bewahrt, eine nationale jüdische Angelegenheit zu werden.[5] Vier Jahre später ließ er Ferenczi wissen, er habe die Beziehungen zu den nichtjüdischen Psychiatern in Zürich deshalb gepflegt, »um Juden und Gojim im Dienste der Psychoanalyse zu verschmelzen«.[6] Aus diesem Bemühen heraus ist der leidenschaftlichste Auftritt zu verstehen, mit dem er je an die Öffentlichkeit getreten ist. Auf dem zweiten Internationalen Kongreß der Psychoanalytiker in Nürnberg im März 1910 wählte die Versammlung C. G. Jung zum Präsidenten und Jungs Verwandten Riklin zu seinem Sekretär. Dieser Schlag gegen seine Wiener Anhänger war Freuds Idee gewesen. Aber so folgsam und gefügig sie sich sonst auch immer gezeigt hatten, dieses Mal waren sie verärgert, entsetzt, und zogen sich, in einem seltenen Akt der Unabhängigkeit, zu einer geheimen Beratung zurück. Freud erfuhr von dem Konklave, trat dazu und sprach leidenschaftlich auf seine Kollegen ein, um ihnen die unangenehme Wahrheit beizubringen, daß die Schweizer, die Christen, sie aus ihrer Isolierung befreien und die Zukunft der Bewegung gewährleisten würden. Ein Augenzeuge, Wilhelm Stekel, in dessen Hotelzimmer dieses Drama sich abspielte, erinnerte sich, daß Freud so erregt und mitgenommen war, daß ihm die Tränen über die Wangen liefen.[7] Stekel ist kein verläßlicher Zeuge, aber ob Tränen oder nicht, Freud wollte nicht, daß die Psychoanalyse eine jüdische Wissenschaft sein oder dafür gelten sollte.

Freud fiel es nicht schwer, merkliche Unterschiede zwischen Juden und »Ariern« festzustellen. Er war sogar bereit, von »rassischen« Differenzen zu sprechen, wie man es in jenen unschuldigen Tagen so leicht tat. Im Frühjahr 1908 bat er Karl Abraham, der einige Jahre mit Jung gearbeitet hatte und ihm nicht traute, tolerant gegenüber dem Schweizer zu sein und daran zu denken, daß es für ihn als Juden leichter sei als für Jung, »als Christ und Sohn eines Pfarrers«, den Widerstand gegen Freuds Ideen zu überwinden. Er bezeichnete seine Beziehung zu Abraham aufgrund ihrer »Rassenverwandtschaft« als besonders eng und fügte wenig später hinzu: »Kann ich sagen, daß es verwandte jüdische Züge sind, die mich in Ihnen anziehen?«[8] Während der Jahre, in denen sich seine Freundschaft mit Jung durch zunehmende Verbitterung trübte und die Beziehungen zu seinen nichtjüdischen Mitarbeitern in Zürich angespannt und unsicher wurden, behauptete er freimütig, daß es eine solche Rassenverwandtschaft gäbe. Doch zugleich betonte er, es solle keine ausgesprochen »arische« oder jüdische Wissenschaft geben. Wenn die Forschungsergebnisse eines jüdischen und die eines nichtjüdischen Wissenschaftlers nicht übereinstimmen, dann müsse irgend etwas falsch sein.[9] Für Freud war die Wissenschaft farbenblind, unberührt von nationalen, ethnischen, rassischen Eigenschaften – und die Psychoanalyse ist eine Wissenschaft. Deshalb hätte er niemals hinnehmen können, daß sie als eine jüdische Wissenschaft hingestellt wurde, hätte es aus intellektuellen wie aus politischen Gründen nicht tun können, aber viele haben Anna Freuds These der ihres Vaters vorgezogen, und so ist die Frage offengeblieben.

Es ist ein mit Emotionen aufgeladenes Thema, und zur Klärung der Frage nach dem Jüdischen der Psychoanalyse wird von beiden Seiten schweres Geschütz aufgefahren. Es ist keineswegs so, daß Freud je seine jüdische Herkunft und Bindung abgeleugnet oder Ausflüchte gebraucht hätte, wenn davon die Rede war. Er sprach gern davon, mit Stolz und einem gewissen Trotz, und nicht nur zu Juden. Er nannte sich selbst, wie wir wissen, einen »schäbigen alten Israeliten« oder einen »alten Semiten«.[10] In einem Dankschreiben an die Hebräische Universität in Jerusalem für ihre Gratulation zu seinem achtzigsten Geburtstag bezeichnete er sich einmal mehr als »einen von Euch«.[11] Einige Jahre vorher hatte er, von einem Briefpartner nach seinem Verhältnis zum Judentum befragt, geschrieben: »Ich kann sagen, daß ich von der jüdischen Religion so weit entfernt bin wie von jeder anderen; das heißt, sie sind für mich höchst bedeutend als Gegenstände wissenschaftlichen Interesses, gefühlsmäßig habe ich nichts mit ihnen zu tun. Andererseits habe ich immer ein starkes Gefühl der Solidarität mit meinem Volk gehabt und habe es auch bei meinen Kindern gepflegt. Wir alle sind in der jüdischen Konfession verblieben.«[12]

Er äußerte dieses Zusammengehörigkeitsgefühl in ernsten wie in heiteren Augenblicken. Anfang Oktober 1913, als er sich nach langen erholsamen Sommerferien anschickte, seine psychoanalytische Praxis in Wien wiederaufzunehmen, sandte ihm Max Eitingon den »alten jüdischen Neujahrsgruß« (»l'shanah tovah«) und erinnerte daran, daß Freud vor Jahren einen ihrer Kongresse damit geschlossen habe.[13] Und Freuds Briefe an Briefpartner in Palästina bezeugen sein betontes Interesse an deren Unternehmen. »Der Zionismus«, schrieb er 1930, »hat meine stärksten Sympathien hervorgerufen, und sie gelten ihm getreu bis heute.«[14] Und fünf Jahre später heißt es in einem Glückwunschbrief an L. Jaffe zur Feier des fünfzehnten Jahrestages der Keren Hajessod, einer Stiftung für die Ansiedlung von Juden in Palästina: »Ich möchte Ihnen versichern, daß ich sehr wohl weiß, was für ein wohltätiges und mächtiges Instrument diese Gründung für unser Volk geworden ist in seinem Bestreben, in dem alten Vaterland eine neue Heimat zu finden.« Keren Hajessod sei, wie er in seinem charakteristischen kämpferischen Ton schreibt, »ein Zeichen unseres unbesiegbaren Lebenswillens, der bis jetzt zweitausend Jahren schwerer Unterdrückung standgehalten hat. Unsere Jugend wird den Kampf fortführen.«[15]

Das war sozusagen privat, aber Freud trug auch keine Bedenken, diese Gefühle öffentlich zum Ausdruck zu bringen. In seiner kurzen, 1925 erschienenen Selbstdarstellung machte er kein Hehl daraus, daß seine Vorfahren Juden gewesen waren und daß er selber ebenfalls Jude geblieben war.[16] In der unruhigen Atmosphäre Europas nach dem Ersten Weltkrieg mit der erschreckenden und wachsenden Bedrohung durch einen rassisch-politischen Antisemitismus war dies ein bewußtes, freiwilliges Treuegelöbnis, das Zivilcourage bezeugte. Freud war sich bewußt, daß es ein schweres Los war, Jude zu sein und zu bleiben. Aber der illusorische Ausweg der Taufe, sei es aus Überzeugung oder aus taktischen Gründen, den viele seiner Zeitgenossen, wie Alfred Adler, gewählt hatten, erschien ihm verächtlich.

So unmißverständlich es war, Freuds Bekenntnis zum Judentum blieb aggressiv säkular, eine Haltung, die bereits in seinem Elternhaus geherrscht hatte. Sein geliebter Lehrer und väterlicher Freund Samuel Hammerschlag, dem der Religionsunterricht an Freuds Gymnasium oblag, tat wenig, dieses häusliche Versäumnis wettzumachen. Hammerschlag war mehr an Ethik als an Theologie interessiert, geschweige denn an hebräischer Sprache.[17] In späteren Jahren hat Freud wiederholt bedauert, daß er die »heilige Sprache« nicht beherrschte und nie richtig gelernt hatte.[18] Sein Vater, Jacob Freud, konnte zwar Hebräisch, war aber darum auch nicht religiöser. Er hatte seine dritte Frau, Amalia Nathansohn, die Sigmund Freuds Mutter werden sollte, in einer reformierten Zeremonie geheiratet und im Laufe der Jahre praktisch alle Züge von Religionsausübung abgestreift. Er feierte weiterhin das Passahfest und las die Bibel auf Hebräisch – aber das war alles. Er hatte seinen Sohn beschneiden lassen, doch es gibt keinen Hinweis, daß Freud zu Hause auch nur eine Spur religiöser Unterweisung oder eine Bar Mizwah empfangen hätte. »Mein Vater«, erinnerte er sich im Alter, »sprach die heilige Sprache so gut wie Deutsch oder besser. Er ließ mich in voller Unwissenheit alles dessen, was das Judentum betraf, aufwachsen.« Erst als reifer Mann, fügte er hinzu, habe er dieses Versäumnis übelgenommen. »Ich hatte aber schon früher mich als Jude gefühlt – unter dem Einfluß des deutschen Antisemitismus, dessen neuerlicher Ausbruch in meine Universitätszeit fiel.«[19] Doch wenn Freud schließlich die

Unkenntnis bedauerte, in der sein Vater ihn über das Judentum gelassen hatte, so nicht deshalb, weil ihn je nach religiösen Glaubensriten, Festen oder Feiern gedürstet hätte.

Auch gewährte er solchen Dingen keinen Zutritt zu seinem eigenen Haus. Die Freuds ignorierten geflissentlich sogar solche geselligen und familiären Feiertage wie das Passah-Fest. »Unsere Feiertage«, erinnerte sich sein Sohn Martin, »waren Weihnachten, mit Geschenken unter einem kerzengeschmückten Baum, und Ostern mit buntbemalten Ostereiern. Ich bin nie in einer Synagoge gewesen, auch nicht, soviel ich weiß, meine Geschwister.«[20] In seiner Verlobungszeit bestand Freud energisch darauf, daß seine Verlobte ihre geliebten orthodoxen Glaubensanschauungen und -übungen aufgab. Aber seine häusliche Autorität gestattete Ausnahmen: Als sein Sohn Ernst nach dem Ersten Weltkrieg in der österreichischen zionistischen Bewegung tätig wurde, hatte Freud nichts dagegen einzuwenden. Es ist jedoch bezeichnend für die Unschuld Freuds und seiner Kinder in Fragen des Judentums, daß sein Sohn Martin nicht einmal die elementaren Verhaltensregeln in einer Synagoge kannte. Als Martin heiratete, so berichtete er, beteiligte er sich an der gesetzlich vorgeschriebenen religiösen Zeremonie und nahm, wie es landesüblich war, den Hut ab, um seinen Respekt vor der heiligen Stätte zu zeigen. Als ein Trauzeuge ihm energisch den Hut wieder auf den Kopf setzte, nahm er es als einen Scherz und setzte den Hut sofort wieder ab, bis ihm schließlich, aufgrund der Geste eines anderen Trauzeugen und indignierter Blicke der Hochzeitsgäste, dämmerte, daß man in der Synagoge den Hut aufbehielt.[21]

Freud war immer gern bereit, seine besondere Art von Judentum gegenüber jedermann, der ihn danach fragte, in ihren Umrissen zu erläutern. »Ich gehöre der jüdischen Religion so wenig an wie irgend einer anderen«, schrieb er 1929.[22] Im folgenden Jahr bezeichnete er sich selbst im Vorwort zu der hebräischen Ausgabe von *Totem und Tabu* als »der Religion seiner Väter völlig entfremdet – wie von jeder anderen«. Doch zugleich hob er hervor, er habe »niemals die Verbindung mit seinem Volk geleugnet«.[23] Dies hat er in seinen Briefen häufig ausgesprochen. »Obwohl der Religion meiner Voreltern längst entfremdet, habe ich das Gefühl der Zusammengehörigkeit mit meinem Volke nie aufgegeben.«[24] Noch einmal charakterisierte er sich, kurz und bündig, einem frommen amerikanischen Arzt gegenüber, der Freud eine religiöse Vision geschildert und ihn aufgefordert hatte, solche Erfahrungen zu studieren, damit auch er Gott finden möge. Höflich, doch bestimmt erwiderte Freud, Gott habe so etwas für ihn nicht getan und ihm keine inneren Stimmen gesandt; also würde er wahrscheinlich bleiben, was er immer gewesen: »ein ungläubiger Jude«.[25]

Freuds jüdische Identität steht also außer Frage. Die Frage ist *nur*, welchen Anteil diese Identität am Entstehen der Psychoanalyse gehabt haben könnte. »Ich weiß nicht, ob Ihr Urteil recht hat, welches in der Psychoanalyse ein direktes Erzeugnis des jüdischen

Geistes erkennen will, aber wenn es so wäre, würde ich mich nicht beschämt fühlen.«[26] Aber was ist eigentlich der jüdische Geist? Wie kann man vernünftigerweise von einer jüdischen Eigenschaft – oder ihrem Nichtvorhandensein – in der Psychoanalyse sprechen? Man muß hier genau sein, wenn es auch schwierig ist. Um der Sache näherzukommen, schlage ich vor, vier Bedeutungen dieser Eigenschaft zu unterscheiden: die professionelle, die intellektuelle, die stammesmäßige und die soziologische.

Man könnte sagen, die Psychoanalyse weise gewisse jüdische Merkmale auf, wenn sie in ihrem Material vorwiegend jüdisch wäre – in ihren Patienten oder in solchen Dokumentationen wie den Fehlleistungen oder den Witzen, die Freud sammelte. Die Ergebnisse sind dürftig. Mangels einer vollständigen Liste von Freuds Analysanden sind wir auf Vermutungen und Folgerungen angewiesen. Gewiß waren unverhältnismäßig viele seiner frühen Patienten Juden, wie Jung bemerkt hatte. Dazu gehörte auch Josef Breuers berühmte Patientin Anna O., mit der die Psychoanalyse ihren Anfang nahm. Aber die Proportionen verschoben sich drastisch, als sich Freuds Praxis ausdehnte. Während unter seinen Patienten, deren Fälle er veröffentlichte, Dora, der Rattenmann und der Kleine Hans Juden waren, trifft dies beim Wolfsmann und bei Schreber, der eine russischer Aristokrat, der andere deutscher Richter, nicht zu. Darüber hinaus waren zwar die amerikanischen Ärzte, die sich in den zwanziger Jahren auf seine Couch drängten, zum größten Teil Juden, die bekanntesten späteren Patienten jedoch Nichtjuden: die holländische Ärztin Jeanne Lampl de Groot, die französische Prinzessin Marie Bonaparte, die amerikanische Dichterin Hilda Doolittle, die Gruppe englischer Analysanden, James und Alix Strachey, Joan Riviere und andere. Sie alle jedoch, Juden oder Nichtjuden, erfuhren bei Freud das gleiche über die Arbeitsweise der Seele. Das Unbewußte, die Libido, Verdrängung und Sublimierung sind Freud zufolge universal. Keines dieser Phänomene folgt spezifisch jüdischen Anweisungen.

Freuds Sammlung von Fehlhandlungen – Versprechen oder Verschreiben, Vergessen von Namen, Daten oder Versen – ergibt eine noch magerere Ernte. Die von ihm geschätzten »tiefsinnigen jüdischen Geschichten«, die er Ende der neunziger Jahre zu sammeln begann[27] und in sein Buch über die Beziehung zwischen Witz und dem Unbewußten einstreute, lassen zunächst aufhorchen. Mit ihrer Mischung aus Selbsterniedrigung und Selbstachtung, Unterwürfigkeit und Aufsässigkeit, ihrer Art und Weise, es sich in einer feindlichen Welt heimisch zu machen, sprachen sie Freud sehr stark an. Doch weit entfernt, den Beweis für die jüdischen Eigenschaften in Freuds psychoanalytischem Denken zu erbringen, bekunden diese Witze eher ihre Universalität. Nicht das Jüdische an ihnen, sondern das, was die witzelnden Juden menschlich machte, erregte Freuds Aufmerksamkeit. Wenn er diese Witze in seinem Buch anführte, vermerkte er dazu, daß nur ihre Äußerlichkeiten jüdisch seien; »ihr Kern ist allgemein menschlich«.[28] Und auf diesen Kern kam es an.

Bemühungen, eine jüdische intellektuelle Ahnenreihe bei Freud nachzuweisen, sind ebenso unfruchtbar wie Versuche, sein Judentum bei seinen Patienten oder in seinen Witzen aufzuzeigen. Er fühlte sich vor allem, und er hat es oft betont und jedermann wissen lassen, der deutschen und der englischen Kultur verpflichtet: deutschen und englischen Dichtern und Gelehrten – Goethe und Shakespeare, Brücke und Darwin. Schon mit einem flüchtigen Blick in eine seiner Schriften erkennt man einen Meister der deutschen Sprache, einen Stilkünstler, der sich die Treffsicherheit, den Witz und die Ausdruckskraft eines Lessing, Heine und Wilhelm Busch zu eigen gemacht hat. Auf eine Umfrage seines Verlegers Hugo Heller von 1907 nach zehn »guten Büchern« nannte er nicht die unvergänglichen Klassiker oder die wissenschaftlichen Werke, die ihn am meisten beeinflußt hatten, sondern er zählte seine sogenannten »Lieblingsbücher« auf, die seine literarischen Begleiter geworden waren, eine Liste, die durch ihre Universalität bemerkenswert ist und Autoren aus sieben Ländern umfaßt: Mark Twain und Lord Macaulay, Anatole France und Emile Zola, Dmitri Mereschkowski, Gottfried Keller und Conrad Ferdinand Meyer. In seinem Katalog befindet sich nur ein Jude, der klassische Philologe Theodor Gomperz mit seiner Geschichte des griechischen Denkens, ein kultivierter Gelehrter und Essayist, ganz und gar säkular, der sich mit den Wertmaßstäben europäischer Aufklärung voll identifizierte – kurz, ein Jude, ziemlich so wie Freud selber.[29]

Angesichts des Reichtums dieser Literatur gehört schon eine gewisse Kühnheit dazu, den Einfluß jüdischer Mystiker auf Freud zu entdecken, und es überrascht nicht, daß es in dieser Hinsicht nur wenige Versuche gegeben hat. 1929 wurde Freud von A. A. Roback »der *Chasside* in der Geschichte der modernen Psychologie« genannt. Roback meinte, er spende Freud das höchstmögliche Lob, als er auf seine angeblichen mystischen Neigungen hinwies; und dies nur zwei Jahre nach dem Erscheinen von *Die Zukunft einer Illusion.* Die rationalistische Botschaft dieser »Broschüre« hat Roback nicht abgeschreckt. »Freuds Methode«, wie er sie sah, »erinnert sehr an den Symbolismus, welcher der kabbalistischen Philosophie unterliegt.«[30] Drei Jahrzehnte später erweiterte David Bakan in einer stark kritisierten, aber vielzitierten Studie Robacks Beobachtung zu einem Buch, ohne mehr überzeugende Beweise liefern zu können, als Roback hatte aufbieten können. Bakans Behauptung, der Geist der Kabbala sei in Freud lebendig, widerspricht allem, was wir von Freuds Geist wissen: seiner Lektüre, seinem Stil der wissenschaftlichen Forschung, seiner ganzen Denkweise.[31] Der hervorragende französisch-jüdische Psychiater Henri Baruk traf ins Schwarze, als er sich auf einer wissenschaftlichen Tagung in Paris in den sechziger Jahren unwillig gegen diejenigen wandte, die »in aller Unwissenheit uns einreden wollen, Freud sei ein jüdischer Mystiker oder ein Rabbi gewesen. Das genaue Gegenteil ist wahr.« Baruk meinte hingegen in Übereinstimmung mit den besten Belegen, die Psychoanalyse sei in Wahrheit ein »modernes Neu-Heidentum«.[32] Es ist kein Zufall, daß Freud, der seine Quellen stets bereitwillig angab, niemals die Ahnen auch nur erwähnt, die Roback und Bakan ihm andichteten. Ganz im Gegenteil: In einem Brief an Karl Abraham zur Frage nach der besonderen Eignung der Juden für die Psychoanalyse erklärte er diese Tatsache damit, daß den Juden das mystische Element *fehle*.[33] Einige Jahre später vertrat er diesen Standpunkt noch einmal in einem Schreiben an Hans Ehrenwald, mit dem er ihm für ein Exemplar seines Buches *Über den sogenannten jüdischen Geist* dankte: »Vor mehreren Jahren begann ich, mir die Frage vorzulegen, wie die Juden zu dem ihnen besonderen Charakter gekommen seien.« Er gab zu, er sei »nicht sehr weit gekommen«, aber er habe zu dem Schluß gelangen müssen, es sei »das erste sozusagen embryonische Erlebnis des Volkes« gewesen, nämlich der Einfluß von Moses und der Auszug aus Ägypten, welche die Juden für Jahrhunderte geprägt hatten. »In erster Linie ist es die Diesseitigkeit der Weltanschauung, und die Überwindung magischen Denkens und die Ablehnung des Mystizismus.«[34] Und Freud begründete seine Wissenschaft gerade dadurch, daß er die Mystik verwarf und nicht einschmuggelte.

In drastischem Gegensatz dazu scheinen die anderen beiden Wege, auf denen das Jüdische seinen Beitrag zur Psychoanalyse geleistet haben könnte, der »rassische« und der soziologische, bei weitem aussichtsreicher. Für Freud trifft beides zu. Er hielt sein Judentum für ein undefinierbares, schwer faßbares, in ihm wirkendes Element. Als der englische Psychoanalytiker M. D. Eder, einer seiner ersten, wenn auch nicht immer beständigen Anhänger, 1936 starb, dachte der trauernde Freud über dieses Geheimnis nach: »Ich kann mir leicht vorstellen, wie auch er unter der Härte dieser Zeiten gelitten haben muß«, schrieb er an eine gemeinsame Freundin. »Wir waren beide Juden und wußten von einander, daß wir jene rätselhafte Sache in uns hatten, die – bis jetzt jeder Analyse unzugänglich – den Juden ausmacht.«[35] Diese »rätselhafte Sache« hatte ihn einige Jahre stark beschäftigt. 1926, als er sich für die Glückwünsche des B'nai B'rith zu seinem siebzigsten Geburtstag bedankte, bezeichnete er sich, wie so häufig vorher, als einen »Ungläubigen«, der »ohne Religion erzogen worden war, wenn auch nicht ohne Respekt vor den ›ethisch‹ genannten Forderungen der menschlichen Kultur«. Er mißbilligte jeden jüdischen Nationalstolz, den er für eine ungerechte, geradezu verderbliche Haltung hielt. Aber es blieb noch genug anderes übrig, was die Anziehung des Judentums und der Juden so unwiderstehlich machte – viele dunkle Gefühlsmächte, die um so gewaltiger waren, je weniger sie sich in Worten erfassen ließen, ebenso wie das klare Bewußtsein der inneren Identität, die Heimlichkeit der gleichen seelischen Konstruktion.«[36] Freud mochte auf dem »klaren Bewußtsein« seiner jüdischen Identität bestanden haben, doch diese schattenhaften Andeutungen verdunkeln mehr, als sie aufhellen. Wie er wohl wußte, bilden sie kaum eine rationale Analyse.

Mir scheint die Vermutung nahezuliegen, daß Freuds unbestimmtes Gefühl seines Judentums einen besonderen Fall seines hartnäckigen Glaubens an die Vererbung erworbener Eigenschaften darstellt. In *Totem und Tabu* hatte er dargelegt, daß alle Menschheit für immer unter dem Urverbrechen zu leiden habe, der Tötung und Verspeisung des Vaters, das den Gründungsakt der Kultur darstelle. Gleichermaßen, so glaubte er, hätten die Juden die Jahrhunderte hindurch die Last der Schuld, Moses getötet zu haben, und die Bürde der strengen, quälenden, büßerischen Religion getragen, die sie nach jenem Mord entwikkelt hätten. Freud sah sein Judentum irgendwie als Teil seines stammesgeschichtlichen Erbes an. 1922 grübelte er in einem Brief an Ferenczi über »seltsame geheime Sehnsüchte« nach, die in ihm aufstiegen, »vielleicht aus meinem Ahnenerbe – nach dem Osten und dem Mittelmeer, und nach einem Leben ganz anderer Art: der Realität unzulänglich angepaßte Wünsche aus meiner späteren Kindheit«.[37] Seine Leidenschaft für Antiquitäten, für jene Plaketten und Statuetten, die Freud all die Jahre so eifrig sammelte, war deutlich überdeterminiert. Aber gewiß war ein Grund für seine »Vorliebe für das Prähistorische«, wie er sie nannte, daß sie ihn an eine Welt zu erinnern vermochten, die er nie aufsuchen würde, zu der er jedoch glaubte, insgeheim zu gehören. Das hatte er in seiner Vorrede zu der hebräischen Übersetzung von *Totem und Tabu* zu verstehen geben wollen: Er habe einen großen Teil dessen aufgegeben, was er mit anderen Juden gemein habe; doch was von seinem Judentum übriggeblieben sei, ist »noch sehr viel, wahrscheinlich die Hauptsache«. Er könne nur dieses »Wesentliche« nicht in Worte fassen, zumindest nicht gegenwärtig. »Sicher wird es eines Tages der wissenschaftlichen Einsicht zugänglich sein.«[38] Das war der Jude als Psychoanalytiker: Er behandelte das Gefühl der jüdischen Identität ähnlich wie Romain Rollands ozeanisches Gefühl, als ein psychologisches Phänomen, im Prinzip der Untersuchung zugänglich, doch noch geheimnisvoll, noch jenseits der Forschung.

Freuds nebulose Andeutungen bringen keine Lösung der Frage, wie oder was sein mysteriöses »rassisches« Erbe zur Entstehung der Psychoanalyse beigetragen habe. Ich habe seine Andeutungen gegenüber seinen zuverlässigsten Anhängern zitiert, daß nämlich Juden besonders geeignet seien, Psychoanalyse zu betreiben. Aber er hielt sehr wenig von dem notorischen Stolz, daß die Juden, als das auserwählte Volk, sozusagen ausersehen seien für die Art intellektueller Betätigung, die Freud unternommen habe.[39] Andere fühlten sich viel ungehemmter als er, das Undefinierbare zu definieren. Wir können die Bemerkung als frivol abtun, die Psychoanalyse sei typisch jüdisch, weil der Analytiker während der Behandlungsstunde eine Frage mit einer Frage zu beantworten pflegte. Ernsthafter war das Argument A. A. Robacks, der, wie er sagte, »geneigt war, die tatsächlichen Gründe der jüdischen Geburt und Aufzucht der Psychoanalyse *in der besonderen Beschaffenheit des Juden zu sehen*, der in *psychologischem Sinne analytisch ist, und der beständig über das Warum und Weshalb von allem reflektiert*, wie es der Stil des Ekklesiastes beispielhaft vorführt«.[40] Dieses impressionistische Gespür für das, was erkennbar jüdisch sein müsse, hat sich lange einer gewissen Beliebtheit innerhalb der psychoanalytischen Bruderschaft erfreut. Anfang 1907 äußerte auf einer Tagung der Wiener Psychoanalytischen Gesellschaft Isidor Sadger, einer von Freuds ersten Anhängern, die Ansicht, daß »die Disposition von Juden für Zwangsneurosen vielleicht mit ihrer Grübelsucht zusammenhängt – für sie seit Tausenden von Jahren charakteristisch«. Zum Beweis empfahl Sadger das Studium des Talmuds.[41] Später stimmte auch Ernest Jones der zweifelhaften Feststellung bei, Juden hätten eine besondere »Befähigung zu psychologischer Intuition«.[42]

Freud, weit davon entfernt, überzeugt zu sein, war doch beeindruckt. Aber wie es seine Gewohnheit war, verallgemeinerte er einen begrenzten Punkt auf die ganze Menschheit. »Wir finden Zwangsneurosen unter normalerweise hochentwickelten Leuten«, kommentierte er Sadgers Spekulation über jüdische Zwanghaftigkeit. Als Beispiel nannte er Emile Zola – kein Jude, natürlich –, der Wahrheitsfanatiker und Zwangsneurotiker gewesen sei.[43] Im selben Jahr, in dem er so den Juden das Monopol auf Zwangsneurosen absprach, veröffentlichte Freud seine erste Arbeit über die Religion, in der er das Zwangszeremoniell von Neurotikern mit den Ritualen von Gläubigen verglich. Das war alles, was er an der Religion analysierte. Das Rätsel seines jüdischen Erbes blieb für ihn ein Rätsel und bleibt für uns ein zu schwaches Rohr, um die komplexe und ausgedehnte Struktur der psychoanalytischen Theorie zu tragen.

Während das Wesen der jüdischen Identität sich weiterhin Freuds Analyse widersetzte, sah er keine Dunkelheiten in dem Beitrag, den die Soziologie zu ihrer Klärung beitragen konnte. Als Fremder für den Glauben seiner Väter und alles andere als willkommen in der ihn umgebenden Kultur, fühlte er sich doppelt entfremdet und betrachtete sich als Außenseiter. Dies jedoch, davon war er überzeugt, hatte ihm einen unschätzbaren Vorteil verschafft. Daß er vom »Austrianismus« an der Universität Anfang der 1870er Jahre ausgeschlossen worden war, hatte ihn schon in der Jugend daran gewöhnt, in der Opposition zu sein, und so den Weg bereitet für »eine gewisse Unabhängigkeit des Urteils«.[44] Als einen entscheidenden Grund für den weitverbreiteten, widerspenstigen und oft gehässigen Widerstand gegen die Psychoanalyse sah er die Tatsache an, daß er, ihr Begründer, Jude war – ein Jude überdies, der aus seiner Abstammung nie ein Hehl gemacht habe. Aber dieses vermeintliche Hindernis hatte ihn darin geschult, das Alleinsein hinzunehmen und daraus Vorteil zu ziehen.[45] In seinem Brief an den B'nai B'rith erläuterte er diese Selbsteinschätzung näher: Er habe früh erkannt, »daß ich nur meiner jüdischen Natur die zwei Eigenschaften verdankte, die mir auf meinem schwierigen Lebensweg unerläßlich geworden waren. Weil ich Jude war, fand ich mich frei von vielen Vorurteilen, die andere im Gebrauch ihres Intellekts beschränkten, als Jude war ich dafür vorbereitet, in die Opposition zu gehen und auf das Einvernehmen mit der ›kompakten Majorität‹ zu verzichten«.[46] Das waren also Augenblicke, in denen Freud sich, auf seine Weise und für seine eigenen Zwecke, die häufige Behauptung der Nichtjuden zu eigen machte, daß Juden tüchtiger sein müßten als die Mehrheit. Aber nicht immer und um jeden Preis: Wenn er, wie es oft der Fall war, das Gefühl hatte, seine analysierenden Kollegen hätten ihn im Stich gelassen, schonte er die Juden unter ihnen nicht. Es ist ein kleines, doch bezeichnendes Beispiel seines Festhaltens an einer umfassenden Kultur, daß er, als er seine Fähigkeit, der »kompakten Majorität« zu widerstehen, hervorhob, einen nichtjüdischen Autor zitierte: Henrik Ibsens mutigen, verantwortungsvollen Arzt in seinem *Volksfeind.* Offensichtlich muß man kein Jude sein, um als Volksfeind zu gelten. Aber Freud dachte, es habe ihm wenigstens geholfen.

Freuds These ist interessant und plausibel und wird gestützt von der sich aufdrängenden vielbemerkten Tatsache, daß die ersten Psychoanalytiker in Wien durchweg Juden waren. Ernest Jones zum Beispiel akzeptierte diese soziologische Hypothese ohne Vorbehalt. »Ich glaube«, schrieb er über das jüdische Phänomen in der Psychoanalyse, »die Gründe dafür waren in Österreich und Deutschland hauptsächlich lokaler Natur, denn ausgenommen in den Vereinigten Staaten bis zu einem gewissen Maße ist es eine Erscheinung, die sich in keinem anderen Lande wiederholt hat; in England zum Beispiel hat es (von Emigranten abgesehen) nur zwei jüdische Analytiker gegeben. In Wien war es anscheinend für jüdische Ärzte leichter, Freuds Ächtung zu teilen, die nur eine Verschlimmerung des Lebens war, an das sie gewohnt waren, und das gleiche galt für Berlin und Budapest, wo der Antisemitismus fast ebenso stark in Erscheinung trat.«[47]

Zweifellos ist eine auffallende Eigenschaft in Freuds Bekenntnis zu seinem Judentum eine Art Trotzhaltung. Er war am jüdischsten, wenn die Zeiten für die Juden am schwersten waren. Als 1873 in Österreich eine starke antisemitische Strömung als Folge einer Wirtschaftskrise auftrat und man von ihm, zu Beginn seines Universitätsstudiums, erwartete, sich als Jude minderwertig zu fühlen, weigerte er sich, dem Druck nachzugeben: »Ich habe nie verstanden«, schrieb er, »warum ich mich meiner Abstammung oder, wie man damals zu sagen anfing, meiner Rasse schämen sollte.«[49] Und 1897, als der populäre Antisemit Karl Lueger Bürgermeister von Wien wurde, gerade zu der Zeit, als Freud seine subversiven Theorien entwickelte, trat er einer neugegründeten B'nai B'rith-Loge bei, um unter seinesgleichen zu sein. »Daß sie Juden sind, konnte mir nur erwünscht sein«, schrieb er den Brüdern 1926, als er sich jener frühen Tage erinnerte. »Ich war selber Jude, und es war mir immer nicht nur unwürdig, sondern ganz unsinnig, es zu verleugnen.«[49] Im selben Jahr äußerte er zu einem Interviewer im Hinblick auf die damalige politische Lage: »Meine Sprache ist deutsch. Meine Kultur, meine Bildung sind deutsch. Ich betrachtete mich geistig als einen Deutschen, bis mir das Anwachsen antisemitischer Vorurteile in Deutschland und Deutsch-Österreich auffiel. Seit jener Zeit ziehe ich es vor, mich einen Juden zu nennen.«[50]

Es besteht kaum ein Zweifel, daß angesichts einer von Bigotterie durchsetzten beruflichen Skepsis ein gewisses Maß an Zähigkeit für die ersten Psychoanalytiker, Freud nicht ausgeschlossen, eine hoch adaptive Eigenschaft war. Sie blieb auch in späteren Jahren Freuds adaptiv. Als er seinem Interviewer 1926 zu verstehen gab, er sei zwar aufgrund von Sprache und Kultur Deutscher, ziehe es aber jetzt vor, sich einen Juden zu nennen, hat er die Geschichte seiner Identifizierungen ziemlich mißverständlich dargestellt. Tatsächlich hatte er sich schon immer einen Juden genannt; in den zwanziger Jahren, mit dem Emporkommen Hitlers in Deutschland und nur geringfügig weniger bedenklichen rechtsradikalen Strömungen in Österreich, entschloß er sich, die deutschen Aspekte seiner Individualität zu verleugnen oder sogar aufzugeben. Für die Taktiken und Strategien der psychoanalytischen *Bewegung* also ist Freuds Judentum von wirklichem Interesse. Der *Ursprung* der Psychoanalyse jedoch wird von dieser historischen Situation nicht berührt. Schließlich hatte Josef Breuer, mit dessen Patientin Anna O. alles begann, nicht den Mut, für seine eigenen Entdeckungen einzustehen, und scheute vor den sexuellen Wurzeln ihrer spektakulären Hysterie zurück. Und Breuer war Jude. Andererseits hat Charles Darwin, dessen Werk nicht weniger subversiv war als Freuds, im englischen

Establishment ein sicheres Leben geführt, in der Umgebung, in der er geboren und aufgewachsen war.

Eine kurze Gegenüberstellung Freuds und Darwins bietet vielleicht einen Ausweg aus diesem Wirrsal. Charles Darwin konnte sich als einziger mit Freud als modernem Kulturkonquistador wirklich messen. Seine Theorien erwiesen sich wie die Freuds als eine tiefgehende Herausforderung der herrschenden Pietäten und waren daher in hohem Maße angetan, Ängste zu erzeugen. Wenn die natürliche Auslese eine Tatsache war, mußte sie auf die Dauer die durchgreifendsten Wirkungen auf die Art und Weise haben, wie die Menschen die Welt ansahen, heilige Texte lasen, ihre Geschäfte führten, über die Politik dachten und sogar ihr moralisches Zusammenleben und ihre Ehe einrichteten. Wie Freud hatte auch Darwin den Skandal erkannt, den seine Ideen bedeuteten, und ihn, trotz gelegentlicher Nervenanfälle aufgrund seines Wagnisses, sogar genossen. Und wie Freud bedient sich Darwin gelegentlich einer der Theologie entlehnten Sprache: Biologen, die auf den *Ursprung der Arten* eingingen, waren »Bekehrte«, Gegner waren von der »verdammten religiösen Bigotterie« besessen.[51] Auf diese Weise, ganz ähnlich wie Freuds Aufklärungspartei, spaltete auch Darwin die Welt in Wissenschaftler und Theologen.
Darwin und Freud hatten auch viel gemeinsam in der Art, wie sie Hilfstruppen rekrutierten und wie sie ihre loyalen Gefolgsmänner ermutigten. Darwin dankte, wie später auch Freud, Freunden, Bekannten und

Fremden für zustimmende Besprechungen und bewirkte, daß seine Schüler zu wertvollen Jüngern, aber auch zu unvorhergesehenen Gegnern wurden. Doch Freud und Darwin unterschieden sich, und zwar entscheidend, in ihrer Grundhaltung zu den Kontroversen, die ihre Theorien hervorriefen. Darwin konnte sich über die gehässige Aufmerksamkeit ärgern, die gottesfürchtige Gelehrte ihm zukommen ließen; in seiner Privatkorrespondenz brandmarkte er sie als »unfair« oder gelegentlich als »gehässig« oder sogar als »engstirnig« und »beleidigend«.[52] Die frommen Männer erzürnten ihn mit ihren Verdrehungen und mit der willkürlichen Art und Weise, wie sie aus seinen Schriften zitierten. 1860, ein Jahr nach dem Erscheinen von *Der Ursprung der Arten*, teilte er seinem streitbarsten Kampfgefährten, T. H. Huxley, vertraulich mit: »Ich bin richtig krank von diesen feindseligen Kritiken.«[53] Darwin war der kritischste Leser seiner Kritiker. Aber ihm blieb weitgehend das Gefühl der Isolation erspart, das – vielleicht nicht ohne wirklichen Grund – Freuds frühe Entdeckertage verdüsterte und ihn in späteren Jahren sich seines internationalen Rufes nicht so recht erfreuen ließ.

Freud lehnte es weder ab, von seinen Verleumdern zu lernen, noch konnte Widerspruch sein Vertrauen in seine Lehren erschüttern. Aber er war weniger elastisch und weit mehr mit der Welt zerfallen als Darwin. »Nichts, was die Leute sagen, kränkt mich lange«, schrieb Darwin, der besser als irgend jemand wußte, wie lange und intensiv er seine Beweise studiert hatte.[54] »Ich bin von meinen religiösen Landsleuten abscheulich beschimpft worden; aber da ich ein unabhängiges Leben auf dem Lande führe, schmerzt es mich nicht im geringsten.«[55] Freud, in ständiger Sorge um das Wohlergehen seiner sechs Kinder, war kein Landedelmann und erfreute sich keiner Unabhängigkeit. Andererseits protestierte Darwin zu viel. Sein schlechter Gesundheitszustand, seine beständigen Magen- und Darmbeschwerden, die kein noch so tüchtiger Arzt auf physische Ursachen zurückführen konnte, lassen den Preis ahnen, den er für seine Geduld zahlen mußte, für seine Verständigkeit, seine Großzügigkeit und seine Bereitwilligkeit, Formulierungen aufgrund wohlunterrichteter und überzeugender Kritik zu revidieren. Darwins gebieterischer Arbeitsdrang und sein verfrühtes Grübeln über das Alter ähneln auffällig Freuds Beschäftigung mit Krankheitssymptomen. »Nichts«, erklärte Darwin, »ist so unerträglich wie Müßiggang.«[56] 1839 klagte er einem Freund: »Entschuldige diesen Brief – ich bin sehr alt und töricht.« Und abermals, zwei Jahre später: »Ich bin ein dummer alter, verzagter Hund geworden gegen den, der ich früher war.«[57] Er war gerade dreißig Jahre alt geworden! Doch nachdem er einen langen, scharfsinnigen Essay über den *Ursprung* von dem schottischen Ingenieur Fleeming Jenkin gelesen hatte, konnte Darwin befinden: »Fleeming Jenkin hat mir viel Verdruß bereitet, doch er ist mir von größerem Nutzen gewesen als irgendeine andere Abhandlung oder Besprechung.«[58] Ein solches Zugeständnis wäre Freud nicht leichtgefallen.

Es ist nur zu verlockend, Freuds Starrheit zu übertreiben. Er war jedoch weit nachsichtiger, weit aufgeschlossener für andere Meinungen, als die meisten seiner Biographen, wohlwollende eingeschlossen, einräumen. Er konnte über Jahrzehnte mit dem Protestanten Oskar Pfister und dem existentialistischen Psychiater Ludwig Binswanger Freundschaft pflegen. Er konnte offenherzige und überschwengliche Begeisterung empfinden und laut werden lassen über die theoretischen und klinischen psychoanalytischen Neuerungen, mit denen Otto Rank und Sándor Ferenczi eher konventionelle Analytiker zu Beginn der zwanziger Jahre verschreckten. In der Tat zögerte Freud, als die Zeit gekommen war, sich von Rank zu trennen, länger als seine kritischen und humorlosen Jünger, diesen Schritt zu vollziehen. Er blieb Ernest Jones in den zwanziger Jahren weiterhin freundschaftlich verbunden, auch als dieser Freuds neue Theorien über die weibliche Sexualität ablehnte, und auch noch, als Freud, der empörte Vater, glaubte, Jones konspiriere mit Melanie Klein, um die Praxis für Kinderanalyse seiner Tochter Anna zu verunglimpfen.[59] Die berüchtigten Auseinandersetzungen, in die Freud im Laufe seines Lebens als Analytiker verwickelt war, vor allem seine Trennung von Adler und Jung, sind als »Exkommunikationen« bezeichnet worden, obwohl die verfügbaren Dokumente zeigen, daß die Anlässe für diese Zerwürfnisse nicht grundsätzlich von Freud kamen. »Ich bin für ein Kultobjekt nicht geeignet«, schrieb er Jung im Jahre 1907, und er meinte es.[60]

Aber in Freuds Streben nach allgemeiner Anerkennung war ein Kampfgeist, der bei Darwin viel weniger ausgeprägt war. Während Darwin sich damit begnügte, seine Arbeit zu revidieren, nachdem er nochmals darüber nachgedacht und sich augenfällige Hinweise von vernünftigen Kritikern zu eigen gemacht hatte, während er auf den Ablauf der Zeit und das Gewicht seiner Argumentation vertraute, instrumentierte Freud sein Werben um die öffentliche Meinung durch einen Kader von treuen Anhängern, gründete er Zeitschriften und brachte Popularisierungen heraus, um das autorisierte Wort zu verbreiten, beherrschte er internationale Kongresse von Analytikern, bis er sich zu schwach fühlte, um weiter an ihnen teilzunehmen, und diese Aufgabe Stellvertretern wie seiner Tochter Anna überließ. »Ich hasse Auseinandersetzungen«, schrieb Darwin 1871, nach einem Jahrzehnt voller Kontroversen.[61] Freud war ambivalenter: Es gab Zeiten, in denen er des Streites überdrüssig wurde und gestand, ihn zu hassen. Aber es fällt schwer, den Verdacht abzuweisen, daß ihm, hatte er einmal den Feind im Visier, der intellektuelle Krieg behagte.

Sicher waren die Bedürfnisse von Darwin und Freud als Meinungsorganisatoren nicht die gleichen. Darwin hatte eine radikale biologische Theorie herausgebracht, die durch öffentliche Diskussion verfeinert und modifiziert werden konnte; Freuds Material war schwerer zu fassen, schwerer zu duplizieren oder wiederzuentdecken. Und mehr – Freud praktizierte und propagierte eine Therapie, die nur aus Konklaven gleichgesinnter Praktiker Nutzen ziehen konnte. Überdies waren die Folgerungen aus Darwins Lehre zwar bedrohlich und beunruhigend, doch nicht ganz so unmittelbar schockierend, nicht ganz so unschicklich wie Freuds Ansichten über infantile Sexualität, die Allgegenwart von Perversionen und die dynamische Kraft unbewußter Triebregungen. Wie immer auch das Urteil der Historiker über Freuds Stellung als Revolutionär sein mag, er handelte mehr wie ein General, der seine Truppen aufstellt und ins Feld führt, als wie ein Forscher, der gewillt ist, allein durch seine Ideen zu überzeugen. Dies war es, was den einflußreichen Schweizer Psychiater Eugen Bleuler, eine der von Freud am meisten erwünschten und am schwersten faßbaren Eroberungen, zum Austritt aus der Internationalen psychoanalytischen Gesellschaft veranlaßte. »Meiner Meinung nach«, schrieb er Ende 1911 an Freud, »ist dieses ›Wer nicht für uns, ist gegen uns‹, dieses ›Alles oder nichts‹ notwendig für religiöse Gemeinschaften und nützlich für politische Parteien. Ich kann daher das Prinzip als solches verstehen, betrachte es jedoch als schädlich für die Wissenschaft.«[62] Freud konnte sich eine so objektive, so unparteiische Haltung nicht leisten. Er fühlte sich von einem feindseligen, verständnislosen medizinischen und psychiatrischen Establishment umgeben, von Judenhassern bösartig verunglimpft, durch abwegige und unbequeme Deserteure erbittert und erschöpft. Gegenüber böswilligen Priestern, unempfänglichen Ärzten, zudringlichen Journalisten und unversöhnlichen Antisemiten fühlte sich Freud genötigt, zum

Kampf gerüstet zu sein, wie jene Aufklärungsphilosophen zwei Jahrhunderte vor ihm.
Welche Gültigkeit auch immer Freuds soziologisches Argument für das Jüdische der Psychoanalyse beansprucht, sie beruht auf dieser kriegerischen Haltung und auf seinen Rechtfertigungen dafür. Freud lebte, gemeinsam mit seinen jüdischen Gefolgsleuten, in einer verwirrenden Atmosphäre; sie war weniger förderlich als mißgünstig, freilich nicht ohne freundliche Aussichten. Die Gesellschaft Österreichs gegen Ende des neunzehnten Jahrhunderts war antisemitisch genug, um ihren Juden volle soziale Gleichberechtigung und rückhaltlose, unvoreingenommene Aufnahme zu verweigern, doch nicht antisemitisch genug, um sie von Universitäten und Forschungsinstituten fernzuhalten. Die Juden durften studieren, Erfindungen machen und mit der übrigen gebildeten Bevölkerung denken, aber sie waren gezwungen, ihr Bemühen nach Gemeinsamkeit, ihren Eifer, sich hervorzutun, ihr Streben nach Erfolg zu intensivieren. Darwin, in der ihn umgebenden Gesellschaft zu Hause, konnte es sich, anders als Freud, leisten, in Ruhe abzuwarten.
Das soziologische Argument hat also einiges für sich. Doch Freuds These ist alles andere als vollständig und, wenn alles berücksichtigt wird, weniger als überzeugend. Sie verlockt zu der bestechenden Annahme, daß in einer weniger virulent antisemitischen Gesellschaft – etwa in England oder Frankreich, wo die meisten Psychoanalytiker keine Juden waren – ein Nichtjude der Begründer von Freuds Wissenschaft

hätte werden können. Andere, gleichermaßen spekulative Erwägungen bringen andere, nicht weniger faszinierende Vermutungen mit sich. Seine Lehre anzunehmen und sich ihr zu widmen, schrieb Freud 1925, erfordere ein gewisses Maß von Bereitschaft, einen Zustand einsamer Opposition auf sich zu nehmen – einen Zustand, mit dem niemand vertrauter sei als ein Jude.[63] Aber Außenseitertum ist kein reiner Segen. Tatsächlich führt eine Existenz am Rande ebenso leicht zu Konformismus als Unkonventionalität; sie kann die Erfindungsgabe mehr hemmen als fördern. Schließlich hatten sich andere Juden, ebenso Außenseiter wie Freud, taufen lassen oder wurden Kaufleute, ohne ihren Glauben aufzugeben; andere wieder traten der Kommunistischen Partei bei, wanderten nach Amerika aus oder wurden Zionisten. Im großen und ganzen handelten sie nicht klüger oder origineller als andere. Ich habe zu zeigen versucht, daß ein Gläubiger, Jude oder Christ, niemals die Psychoanalyse hätte begründen können. Deren Schöpfer mußte zu sehr Bilderstürmer sein, um sich in einen religiösen Glauben zu schicken. Für ihn mußte die Religion ein Phänomen sein, das es zu studieren galt, kein Versprechen, zu dem man betet, oder eine höchste Realität, die man verehrt. Es ist kein Zufall, daß auch Darwin Atheist war. Daraus folgt nicht, daß nur ein Außenseiter, und im besonderen ein jüdischer Außenseiter, Sigmund Freuds Lebenswerk geschaffen haben könnte.

Mein Überblick hat hauptsächlich negative Ergebnisse gezeitigt. Die Aussagen über das Jüdische der Psychoanalyse, das auf ihrem Material oder ihrem geistigen Erbe beruhe, haben sich als unbegründbar erwiesen. Die Behauptung, irgendeine schwer faßbare, jüdische Eigenschaft habe auf geheimnisvolle Weise Freuds Werk durchdrungen, eine Hypothese, die er selber gutzuheißen schien, ist zu wenig substantiell, um das Gewicht tragen zu können, das einige seiner Biographen darauf legten. »Und wir stammen von dort«, schrieb Freud 1932 an den jüngeren Freund, den Schriftsteller Arnold Zweig, über Palästina, »und es ist nicht zu sagen, was wir vom Leben in diesem Land als Erbschaft in Blut und Nerven (wie man fehlerhaft sagt) als Erbe mitgenommen haben. Oh, das Leben könnte sehr interessant sein, wenn man nur mehr davon wüßte und verstünde.«[64] Es ist ein rührender Ausruf, verständlich angesichts seiner stärker gewordenen anti-deutschen Animosität. Aber es bleibt ein leidenschaftliches Wunschdenken, nicht mehr. Nur die Feststellung, daß die ungewisse gesellschaftliche Stellung der Juden in Freuds Zeit und Kultur sie angespornt haben mag, sich auszuzeichnen und tapfer gegen die »kompakte Majorität« zu behaupten, hat ein weniges für sich. Und auch der Wert dieses Arguments ist begrenzt durch das Übermaß an Gegenbeispielen.

Freud, so möchte ich abschließen, war Jude, jedoch kein jüdischer Wissenschaftler. Ich habe nicht die Absicht, es ihm gleichzutun, indem ich versuche, ihn von seinem Volk zu trennen, so wie er versucht hat, Moses aus seinem Volk zu lösen. Aber der entscheidende Unterschied zwischen persönlicher Identität und wissenschaftlichem Engagement wird davon nicht berührt. In einem Brief an Ernest Jones aus dem Jahr 1926 über das heikle Thema der Telepathie, an der er einige Jahre wohlwollend, doch irgendwie skeptisch interessiert war, schrieb Freud, er sei mehr als je davon überzeugt, daß etwas daran sei. Experimente, die er mit Ferenczi und seiner Tochter Anna gemacht hatte, hätten solche Überzeugungskraft für ihn gehabt, daß diplomatische Erwägungen hintanstehen mußten. »Abermals sah ich eine Situation vor mir, wo ich, in stark reduziertem Maßstab, das große Erlebnis meines Lebens wiederholen mußte, nämlich für eine Überzeugung einzutreten, ohne auf die Resonanz meiner Umgebung Rücksicht zu nehmen. Es war also unvermeidlich. Wenn Ihnen jemand meinen Sündenfall vorwerfen sollte, steht es Ihnen frei zu erwidern, daß meine Neigung für die Telepathie meine Privatangelegenheit ist, so wie mein Judentum, meine Leidenschaft für das Rauchen und andere Dinge – wesensfremd der Psychoanalyse.«[65] Wesensfremd – sein Judentum war nicht wesensfremd für Freud, sondern für seine Schöpfung, die Psychoanalyse.

Diese Haltung tritt eindringlich und nicht ohne Schärfe in seinem letzten und vielleicht umstrittensten Werk *Der Mann Moses und die monotheistische Religion* zu Tage, in den drei miteinander verbundenen Essays, die er nicht lange vor seinem Tode veröffentlichte. Das Buch rief überall in jüdischen Kreisen einen Proteststurm hervor. Freud wurde von Kritiken und einer wahren Lawine von Briefen überschüttet, die meisten von Fremden, die ihn für die Ungeheuerlichkeit, die er begangen, zur Rechenschaft ziehen wollten. Ängstliche Gelehrte besuchten ihn in London, um ihm die Veröffentlichung des Buches auszureden; andere schrieben nicht weniger ängstliche Briefe in gleicher Absicht. In einer Zeit schrecklichster Bedrückung, als sich die Verfolgung der Juden in Deutschland und Österreich über das Maß der schändlichen zaristischen Pogrome verstärkte, hatte es Freud gewagt, Moses einen Ägypter zu nennen und zu behaupten, er sei von den Juden ermordet worden. Gelehrte wie Martin Buber äußerten sich offen voller Verachtung; Freud, so Buber, habe seine Hypothesen auf schwache, unzuverlässige Beweise gestützt und es unterlassen, maßgebliche Autoritäten zu befragen. Er habe einen, wie Freud selbst gesagt habe, »Roman« geschrieben, und das Ergebnis sei, wie ihn seine Gewährsleute unverblümt informiert hätten, eine Katastrophe, ein Verrat. Ein Anonymus aus Boston entlud sich in einer Folge von kurzatmigen, wütenden Sätzen: »Ich habe in der Zeitung Ihre Behauptung gelesen, daß Moses kein Jude war. / Es ist bedauerlich, daß Sie nicht ins Grab steigen konnten, ohne sich zu blamieren, Sie alter Dummkopf. / Wir haben Renegaten wie Sie zu Tausenden, wir sind froh, sie los zu sein, und hoffen, auch Sie bald los zu werden. / Es ist bedauerlich, daß die Verbrecher in Deutschland Sie nicht in ein Konzentrationslager gesteckt haben, dahin gehören Sie nämlich.«[66] Die meiste Post, die Freud erhielt, war höflicher, doch kaum weniger streng. Nur seine treuesten und unkritischen Bewunderer wie Arnold Zweig oder Max Eitingon fanden seine Argumente überzeugend und billigten seine trotzige Haltung und den festen Willen, das Buch herauszubringen.

Es ist nicht erstaunlich, daß Freuds lange und intensive Beschäftigung mit Moses Mitte der dreißiger Jahre verschiedene, manchmal widerspruchsvolle psychoanalytische Deutungen seiner eigenen Seele auf sich gezogen hat. Er habe aus Moses einen Ägypter gemacht, damit er, Freud, der erste wahre Moses seines Volkes sein könne. Er habe Moses zum Ägypter gemacht und seine führende Rolle im Exodus, jener Flucht vor Verfolgung, hervorgehoben, um seine eigene Unabhängigkeit sowohl von seinem jüdischen Erbe als auch von seiner deutschen Kultur zu dramatisieren. Freud habe Moses zu dem alleinigen Gestalter des jüdischen Charakters gemacht, der seinem Volk den Monotheismus gegeben habe, damit er sich mit einem so mächtigen Gesetzgeber habe identifizieren können. Freud, der Welt erster und meistbekämpfter Psychoanalytiker, sei willens gewesen zu behaupten, daß Moses von seinen abergläubischen und rebellischen jüdischen Gefährten ermordet worden sei, um sein eigenes Schicksal, das ihm abtrünnige Schüler und vernichtende Kritiken beschert habe, noch einmal abrollen zu lassen.

Nicht alle diese Lotungen in die Tiefen von Freuds Psyche gehen unbedingt an der Sache vorbei. Seitdem er 1901 bei seinem ersten Besuch in Rom einen Blick auf den *Moses* von Michelangelo geworfen hatte, war er von dieser übermenschlichen Gestalt fasziniert und identifizierte sich mit seiner großen Mission, seinem vulkanischen Temperament und seinen großartigen Bemühungen um Selbstbeherrschung. Aber weder die Wurzeln von *Der Mann Moses* in Freuds verdrängter Vergangenheit noch seine Verdienste – oder Mängel – stehen in diesen Kapiteln zur Rede. Was hier zählt, ist das verblüffend erhellende Licht, das Freuds Nachsinnen über Moses auf seine Prioritäten und auf die Art und Weise wirft, wie er an wissenschaftliche Probleme heranging.

Freud war ein Forscher, der von Ideen heimgesucht wurde. Ein Problem konnte sich seiner wie ein Quälgeist bemächtigen. Die verblüffende Ähnlichkeit zwischen der ersten Szene von *König Lear,* der Wahl Porzias unter den drei Kästchen im *Kaufmann von Venedig* und dem Urteil des Paris ließ ihn nicht los, bis die Antwort vor ihm stand, klar und einleuchtend. Als ihn anfangs der zwanziger Jahre die psychoanalytischen Ideen über die Sexualität der Frau nicht mehr befriedigten, forschte und folgerte und diskutierte er, bis er eine Theorie entwickelt hatte, die seines Erachtens das Geheimnis der Frau hinreichend erklärte. Seine berühmte Frage an Marie Bonaparte »Was will das Weib?« war nicht mutwillig oder frivol; sie war tatsächlich ein Verzweiflungsschrei, der desolate Ausruf eines Philologen, der ein Dokument vor Augen hat, das er nicht entziffern kann. Wenn ihn ein Rätsel ergriff, fand er erst Frieden, nachdem er die Lösung gefunden hatte.[67] Die Frage, wer oder was die Juden »jüdisch« gemacht hatte, war ein solches Rätsel für Freud. In der vergifteten Atmosphäre des modernen Antisemitismus in Mitteleuropa war dies eine natürliche Frage, unter deren Druck alle anderen Erwägungen nebensächlich wurden. Moses, so formulierte er es selbst, »quälte mich wie ein unerlöster Geist«.[68]

Eine Formel bietet sich von selber an: wenn Freuds Loyalität zum Judentum und die zur Wissenschaft aneinandergerieten, mußte das Judentum zurücktreten. Aber wie die meisten Formeln würde dies die Sache allzusehr vereinfachen. Freud war nicht gesonnen, andere sein Judentum für ihn definieren zu lassen. Es bleibt jedoch wahr, daß er Juden vor den Kopf stoßen konnte, wenn die Wissenschaft rief. Er konnte schließlich nicht den Unwillen und die Bestürzung leugnen, die er unter seinen Mitjuden erregte, noch solchen Reaktionen entgehen. »Vor einer halben Stunde«, berichtete er Arnold Zweig im Juni 1938, »brachte mir die Post einen Brief von einem jungen jüdischen Amerikaner, in dem er mich bat, unsere armen unglücklichen ›Volksgenossen‹ nicht des einzigen Trostes zu berauben, der ihnen in ihrem Unglück blieb. Der Brief war freundlich und wohlmeinend, aber was für eine Überschätzung!« Seine Abhandlung, meinte er, sei zu trocken, um den Glauben eines einzigen Gläubigen zu erschüttern, selbst wenn das Buch ihm zufällig in die Hände käme.[69] *Der Mann Moses*, so warnte er ein halbes Jahr danach, als eine hebräische Übersetzung in Aussicht stand, »ist eine Fortsetzung des Themas von *Totem und Tabu* in Anwendung auf die jüdische Religionsgeschichte. Ich bitte Sie aber, in Erwägung zu ziehen, daß sein Inhalt besonders geeignet ist, jüdisches Empfinden, soweit es sich nicht der Wissenschaft unterordnen will, zu kränken.«[70] Er beteuerte Betrübnis über die Reaktion seiner Mitjuden: Natürlich, schrieb er, täte es ihm leid, sie zu kränken. »Aber was kann ich dabei machen? Ich habe mein ganzes langes Leben damit ausgefüllt, für das einzutreten, was ich für die wissenschaftliche Wahrheit hielt, auch wenn es für meine Nebenmenschen unbequem und unangenehm war. Ich kann es nicht mit einem Akt der Verleugnung beschließen.«[71]

Diese Überzeugung hat sein Leben immer beherrscht. An einem Freitagnachmittag im Sommer 1938, nicht lange, nachdem Freud den Nazis aus Wien entflohen war, besuchte ihn in London ein junger Philosoph aus Oxford. Sie sprachen von der Psychoanalyse in England, von Freuds jüngsten Abenteuern in Österreich nach dem »Anschluß«. Gegen fünf Uhr nachmittags gesellte sich Frau Martha zu ihnen und sagte zu dem Besucher: »Sie müssen wissen, daß an Freitagabenden gute jüdische Frauen Kerzen zur Ankunft des Sabbats anzünden. Aber dieser Unmensch will es nicht erlauben, weil er sagt, Religion ist ein Aberglaube.« Freud nickte ernsthaft und sagte: »Ja, sie *ist* ein Aberglaube«, worauf Frau Freud zu dem Besucher sagte: »Sehen Sie?« Der Gast, scharfsinnig, aber generös, hielt den Unwillen für gespielt und das ganze für einen Scherz, der sich seit einem halben Jahrhundert wiederholte, um wohlwollende Besucher zu amüsieren.[72]

Aber wir wissen – Freud hat es uns gelehrt –, daß Scherze selten nur spaßhaft sind. Nach seinem Tod pflegte Freuds Witwe Freunden zu erzählen, daß während ihrer ganzen Ehe, einem langen Leben der Gemeinsamkeit, kein böses Wort zwischen ihnen gefallen sei.[73] Aber Martha Freud behielt eine Spur von Unwillen, vielleicht von Traurigkeit in der Gegenwart des herrischen Atheisten, der sie vor so vielen Jahren aus ihrer Familie gerissen hatte und, noch schmerzlicher, aus ihren treulich befolgten religiösen Bräuchen. Für Freud selbst hatte der Scherz seine ernsten Seiten. Ja, Religion *war* ein Aberglaube, und man kann mit einem Aberglauben keine Wissenschaft betreiben. Freud hatte das alles 1927, am Schluß seiner *Zukunft einer Illusion* in dem bewegenden Satz gesagt, den ich schon zitierte: »Nein, unsere Wissenschaft ist keine Illusion. Aber es wäre eine Illusion zu glauben, daß wir irgendwoher sonst bekommen könnten, was sie uns nicht geben kann.«

Anhang

Anmerkungen

Abkürzungen

Briefe: Sigmund Freud, *Briefe 1873–1939.* Ausgewählt und herausgegeben von Ernst und Lucie Freud. S. Fischer Verlag, Frankfurt am Main 1960; zweite erweiterte Ausgabe 1968; dritte korrigierte Ausgabe 1980.

Freud-Abraham: Sigmund Freud/Karl Abraham, *Briefe 1907–1926.* Herausgegeben von Hilda Abraham und Ernst Freud. S. Fischer Verlag, Frankfurt am Main 1965; zweite korrigierte Auflage 1981.

Freud-Fließ: Sigmund Freud, *Briefe an Wilhelm Fließ 1887–1904.* Vollständige Ausgabe. Herausgegeben von Jeffrey M. Masson. Bearbeitung der deutschen Fassung von Michael Schröter. Transkription von Gerhard Fichtner. S. Fischer Verlag, Frankfurt am Main 1986.

Freud-Jung: Sigmund Freud/C. G. Jung, *Briefwechsel.* Herausgegeben von William McGuire und Wolfgang Sauerländer. S. Fischer Verlag, Frankfurt am Main 1974.

Freud-Pfister: Sigmund Freud/Oskar Pfister, *Briefe 1909–1939.* Herausgegeben von Ernst Freud und Heinrich Meng. S. Fischer Verlag, Frankfurt am Main 1981.

GW: Sigmund Freud, *Gesammelte Werke* (18 Bände), Imago Publishing Co., London 1940–1952; Bd. 18, S. Fischer Verlag, Frankfurt am Main 1968. Seit 1960 die gesamte Edition bei S. Fischer Verlag, Frankfurt am Main.

Int. Jl. of Psycho-Anal.: International Journal of Psycho-Analysis.

Int. Rev. of Psycho-Anal.: International Review of Psycho-Analysis.

Int. Z. für Psychoanal.: Internationale Zeitschrift für (ärztliche) Psychoanalyse.

Jones I, II, III: Ernest Jones, *The Life and Work of Sigmund Freud,* 3 Bde. Bd. 1, *The Formative Years and the Great Discoveries*, 1856–1900 (1953). Bd. 2, *Years of Maturity, 1901–1919* (1955). Bd. 3, *The Last Phase, 1919–1939* (1957).

LC: Library of Congress, Washington, D. C.

Protokolle: Protokolle der Wiener Psychoanalytischen Vereinigung, 4 Bde. Herausgegeben von Herman Nunberg und Ernst Federn. Aus dem Amerikanischen von Margarete Nunberg. Vorbemerkung zur deutschen Ausgabe von Ernst Federn. Mitarbeit an der deutschen Ausgabe: Ilse Grubrich-Simitis. S. Fischer Verlag, Frankfurt am Main 1976–1981.

SE: The Standard Edition of the Complete Psychological Works of Sigmund Freud, 24 Bde. Herausgegeben von James Strachey. Übersetzung in Zusammenarbeit mit Anna Freud. Assistenz Alix Strachey und Alan Tyson (1953–1974).

Einleitung

1 »Bemerkungen über die Übertragungsliebe« (1915), GW X, 314.
2 Harry Freud in Richard Dyck, »Mein Onkel Sigmund«, *Aufbau*, 11. Mai 1956, S. 3.
3 *Die Zukunft einer Illusion*, GW XIV, 361 f.
4 Ebd., 362.
5 »Über eine Weltanschauung«, *Neue Folge der Vorlesungen zur Einführung in die Psychoanalyse*, GW XV, 182.
6 T. H. Huxley an seine Frau, 8. August 1873. Leonard Huxley (Hrsg.), *Life and Letters of Thomas Henry Huxley*, 2 Bde. (1900), I, 397.
7 Ernst Haeckel, *Das Welträtsel* (1899), 393.
8 Friedrich Naumann, *Form und Farbe* (1909), 28. Zit. in John Cornell, »What is a religious painting?« (Manuskript, 1986), 10.

9 Siehe besonders Owen Chadwick, *The Secularization of the European Mind in the Nineteenth Century* (1975), 78–86.

10 Am besten beschrieben in Richard Griffiths, *The Reactionary Revolution: The Catholic Revival in French Literature, 1870–1914* (1966).

11 Freud an Eitingon, 20. Juni 1927. Mit freundlicher Erlaubnis der Sigmund Freud Copyrights, Wivenhoe.

12 Freud an Marie Bonaparte, 19. März 1928. *Jones* III, 447.

13 Engels, *Socialism: Utopian and Scientific* (Einleitung zur ersten englischen Ausgabe, 1892), 12.

14 John William Draper, *History of the Conflict between Religion and Science* (1874), V.

15 William James, »Reflex Action, and Theism« (1881), in *The Will to Believe and Other Essays in Popular Philosophy* (1897), 111.

16 *Conflict between Religion and Science*, 363 f.

17 Drapers Biograph Donald Fleming bringt Drapers wesentliche Intentionen auf die Formel: Draper »versuchte die Religion vor sich selber zu retten«. *John William Draper and the Religion of Science* (1950), 130.

18 *Autobiography*, 2 Bde. (1905), II, 560.

19 Ebd. 561–62.

20 »Über eine Weltanschauung«, *Neue Folge der Vorlesungen*, GW XV, 180 f.

21 Einleitung zu »Contributions to the Critique of Hegel's Philosophy of Right« (1844), in Robert C. Tucker (Hrsg.), *The Marx-Engels Reader* (1972), 53.

22 Freud an Silberstein, 7. März 1875, Freud Collection, D2, LC.

23 Freud an Martha Bernays, 28. Oktober 1883, In *Jones* I, 41.

24 Freud an Fließ, 6. Februar 1899, *Freud-Fließ*, 376.

25 Paul Roazen, *Erik H. Erikson: The Power and Limits of a Vision* (1976), 183.

26 Albert C. Outler, *Psychotherapy and the Christian Message* (1954), 43.

27 Camilla M. Anderson, *Beyond Freud: A Creative Approach to Mental Health* (1958), 262 f.

28 Philp, *Freud and Religious Belief* (1956), 129.

29 Nicht einmal Ernest Jones konnte diesem Spiel widerstehen, doch wenigstens beschränkt er Freuds vermeintliche Religiosität auf dessen Jugendzeit: Freuds Ideal, so schreibt er, war »das einer wissenschaftlichen Integrität, verbunden mit einem rückhaltlosen Glauben an ihren ethischen Wert. Das Wort ›Glaube‹ wird mit Bedacht verwandt, da die Analogie zwischen dieser Einstellung und jener zu religiösen und politischen Idealen nicht ganz fernliegt. Wie die meisten jungen Menschen hatte Freud das Bedürfnis, ›an etwas zu glauben‹, und in seinem Fall war dieses Etwas die Wissenschaft – mit einem ganz großen W geschrieben.« *Jones* I, 40. Im Jahre 1910 teilte Jones Freud mit, er habe einige Mühe gehabt, seinen »Schüler« Bernard Hart, dessen Veröffentlichungen Freud schätzte, zu »Ihrer Arbeit zu bringen. Schließlich sagte er, ›Freudismus ist, genau gesagt, eine Religion; man kann ihn nicht beweisen, aber man muß ihn akzeptieren, weil er funktioniert.‹« Jones an Freud, 30. März 1910. Mit Genehmigung der Sigmund Freud Copyrights, Wivenhoe.

30 Roberts, *Russia and America: Dangers and Prospects* (1956), 19.

31 Gladstone an W. L. Courtney, 19. Dezember 1888. Zitiert in Theodor Gomperz, *Essays und Erinnerungen* (1905), 241.

32 Gosse an Robert Ross, zitiert in Evan Charteris, *The Life and Letters of Sir Edmund Gosse* (1931), 313.

33 James, »The Will to Believe« (1896), in *The Will to Believe*, 10.

34 Die Kommentare von Anna Freud, mit der Freud einige telepathische Experimente ausführte, sind hier zweckdienlich, wenn vielleicht auch zu unkritisch. Auf der Suche nach Pilzen »agierten« Vater und Tochter gewisse abergläubische Vorstellungen. Alles war ein »solcher Unsinn«, aber auch ein »solcher Spaß«. »Ich glaube, was ihn am meisten interessierte, war, die Spuren abergläubischen Verhaltens sogar bei höchst vernünftigen Leuten zu finden und sich darüber lustig zu machen.« Telepathie, »Gedan-

kenübertragung«, war etwas anderes: »Da, glaube ich, versuchte er, ›fair‹ zu sein, das heißt, sie nicht so zu behandeln, wie andere die Ps. behandelt hatten. Ich habe nie gesehen, daß er selber an mehr als die Möglichkeit dachte, daß zwei Personen unbewußt miteinander kommunizieren, ohne die Hilfe einer bewußten Brücke.« Anna Freud schließt damit, daß »das Thema ihn sowohl fasziniert als auch abgestoßen haben muß«. Anna Freud an Ernest Jones, 24. November 1955. Archives, British Psycho-Analytical Society, London.

35 William James, *The Varieties of Religious Experience: A Study in Human Nature* (1902), 162.

36 Ebd., 57.

37 James, »Reflex Action and Theism«, *The Will to Believe*, 131.

38 *Varieties of Religious Experience*, 91.

39 Ebd., 516 f., 519.

40 Ebd., 122.

41 Ebd., 19.

42 Siehe ebd. 84 ff., 346 ff.

43 James, »The Will to Believe« in *The Will to Believe*, 7.

44 *Varieties of Religious Experience*, 122.

45 Ebd., 73.

46 Ebd., 74.

47 Ebd., 11 Anm.

48 Ebd., 118.

49 Siehe William James an Théodore Flournoy, 28. September 1909. Henry James (Hrsg.), *The Letters of William James*, 2 Bde. (1920), II, 327 f.

50 *Varieties of Religious Experience*, 433.

51 Ebd., 455.

52 Ebd., 491.

53 Ebd.

54 Ebd., 148.

55 Ebd., 488 Anm.

56 Ebd., 503.

57 Ebd., 498.

58 Ebd., 519.

59 *Zukunft einer Illusion*, GW XIV, 376.
60 Ebd., 376.
61 Freud an A. Drujanow, einen jüdischen Folklore-Forscher, 3. März 1910. Freud Museum, London.

1. Der letzte »philosophe«

1 Freud an Pfister, 9. Oktober 1918. *Freud-Pfister*, 64.
2 Freud an Silberstein, 5. März 1875, Freud Collection D2, LC.
3 Freud an Silberstein, 8. November 1874, Ebd.
4 Freud an Silberstein, 13.–15. März 1875. Ebd.
5 Freud an Silberstein, 27. März 1875. Ebd.
6 Freud an Charles Singer, 31. Oktober 1938. *Briefe*, 469.
7 »V. N. Volochinov«, *Le Freudisme* (1927), 191, 195. Dieses Buch ist einer von Bachtins »umstrittenen Texten«; mit großer Wahrscheinlichkeit, wenn auch nicht mit Sicherheit, hat Bachtin das meiste davon, wenn nicht das ganze Buch, geschrieben und sich hinter Volochinovs Namen verborgen. Siehe Katerina Clark und Michael Holquist, *Mikhail Bachtin* (1984), 146 f., 160–65, 171–85.
8 Kautsky, *Die materialistische Geschichtsauffassung*, 2 Bde. (1927), I, 219, 340.
9 Siehe Kasimir Birk, *Sigmund Freud und die Religion* (1970), 114 f.
10 Es ist interessant, Freuds wissenschaftliche, völlig »entzauberte« Auffassung von Religion in seinen Krankengeschichten zu verfolgen. In dem berühmtesten dieser Fallberichte, dem Fall des Wolfsmannes, analysiert Freud die in der Kindheit erfolgte Verwandlung seines Patienten von einem sadistischen, phobischen zu einem zwanghaft frommen Knaben als das Ergebnis der religiösen Erziehung durch seine Mutter und seiner Einführung in die Bibelgeschichten. Bei seinem Patienten, bemerkt Freud verbindlich, habe Religion die Zwecke erfüllt, für die sie gewöhnlich in den Erziehungsprozeß eingeführt werde: sie

habe ihm geholfen, seine heftigen sexuellen Triebimpulse zu sublimieren, und habe ihm ein Gefühl der Gemeinsamkeit mit der ganzen Menschheit vermittelt. Dieser Prozeß habe ihn sozialisiert, zu einem guten Kind gemacht, das bereit gewesen sei, sich erziehen zu lassen. »Aus der Geschichte einer infantilen Neurose« (1918), GW XII, S. 27. Auch der Rattenmann durchlief eine religiöse Phase, die Freud mit ebensoviel Distanz analysierte wie die des Wolfsmanns (siehe »Bemerkungen über einen Fall von Zwangsneurose« [1909], GW VII, S. 379). Der große französische Neurologe Jean-Martin Charcot, bei dem Freud im Winter 1885 studierte, stellte seine Forschungen in den Dienst des Antiklerikalismus: Er war fest überzeugt, daß sich viele religiöse Äußerungen auf reine Hysterie zurückführen lassen. Havelock Ellis lieferte viele Anhaltspunkte in dieser Richtung.

11 Hans Küng weist darauf hin in *Freud und das Problem Gottes*.

12 Pfister an Freud, 24. November 1927. *Freud-Pfister*, 123.

13 *Die Zukunft einer Illusion* (1927), GW XIV, 358.

14 Ebd.

15 Siehe vor allem Voltaire, *Lettres philosophiques sur les Anglais* (1734), besonders die Briefe XIV und XVII.

16 *Zukunft einer Illusion*, GW XIV, 362 f.

17 Freud an Jones, 6. April 1921 (auf Englisch). Freud Collection, D2, LC.

18 »Encyclopédie«, in Diderots *Encyclopédie. Œuvres complètes*. 20 Bde. (1875–77), XIV, 474.

19 »Fait«, ebd., XV, 3.

20 Freud an Pfister, 25. November 1928. *Freud-Pfister*, 136.

21 »Editor's Note« zu *New Introductory Lectures in Psycho-Analysis (1932), SE* XXII, 4.

22 »Über eine Weltanschauung«, *Neue Folge der Vorlesungen*, GW XV, 171.

23 *Zukunft einer Illusion*, GW XIV, 350.

24 »Über eine Weltanschauung«, *Neue Folge der Vorlesungen*, GW XV, 171.

25 Ebd., 171 f.

26 Siehe Peter Gay, *Voltaire's Politics: The Poet as Realist* (1959), passim, besonders Kap. 5.
27 »Über eine Weltanschauung«, *Neue Folge der Vorlesungen*, GW XV, 172 f.
28 Dieser bewußte, fast demonstrative intellektuelle Populismus ähnelt seiner Billigung der populären, bei ungebildeten Leuten sehr beliebten Meinung, daß Träume ihre Bedeutungen haben und »gedeutet werden können«.
29 Diderot an Sophie Volland (30. Oktober 1759). *Correspondance*, hrsg. v. Georges Roth, 16 Bde. (1955–70), II, 297.
30 »Über eine Weltanschauung«, *Neue Folge der Vorlesungen*, GW XV, 173.
31 Ebd.
32 Hume, *History of England* (1754–62; 8 Bde., erschienen 1780), VIII, 326.
33 Die aufschlußreichste Erörterung dieses entscheidenden Unterschieds bleibt Ernst Cassirers *Die Philosophie der Aufklärung* (1932), Kap. I.
34 Condillac, *Traité des systèmes*, in *Œuvres*, hrsg. v. Georges Le Roy, 3 Bde. (1947–51), I, 127.
35 Siehe Max W. Wartofsky, *Feuerbach* (1977), XIX.
36 Freud an Silberstein, 7. März 1875, Freud Collection, D2, LC.
37 »Vorwort« zur zweiten Auflage von *Das Wesen des Christenthums* (1843), III.
38 Ebd., XII.
39 Ebd., IX ff.
40 Feuerbach an Christian Kapp, November 1840. In Wartofsky, *Feuerbach*, 202.
41 *Das Wesen des Christenthums*, XV.
42 Ebd., X; siehe auch Wartofsky, *Feuerbach*, 201.
43 *Das Wesen des Christenthums*, 408.
44 Freud an Romain Rolland, wiedergegeben in Rollands *Journal intime* unter dem 4. März 1923 (diesen Hinweis verdanke ich Dr. David S. Werman; siehe Werman, »Sigmund Freud and Romain Rolland«, Int. Rev. Psych.-Anal., IV [1977], 225–41).
45 Freud an Binswanger, 22. Februar 1925. Mit Genehmigung

der Sigmund Freud Copyrights, Wivenhoe. (Auch in Ludwig Binswanger, *Erinnerungen an Freud* [1956], 90.)

46 Meissner, *Psychoanalysis and Religious Experience* (1984), VII.

47 Zilboorg, »Love in Freudian Psychoanalysis« (1953), in Zilboorg, *Psychoanalysis and Religion*, hrsg. v. Margaret Stone Zilboorg (1967), 139.

48 Der vielleicht interessanteste Versuch, Freuds Methode auf das Studium von Freuds Schriften anzuwenden, sind Marie Balmarys treffend betitelte Arbeit *Psychoanalyzing Psychoanalysis: Freud and the Hidden Fault of the Father* (1982), und Marthe Roberts, *From Oedipus to Moses: Freud's Jewish Identity* (1976). Die erste Arbeit versucht, Freuds Theorien über die nicht zu Ende gebrachte Beschäftigung mit seiner Beziehung zum eigenen Vater zu erklären, ein Versuch also, die langandauernden Konsequenzen des Ödipuskomplexes durch Freuds verdrängte Inkonsequenzen und Widersprüche zu erklären. Die zweite, nachsichtigere Arbeit gibt Freuds Denken eine im wesentlichen »familiäre« Deutung: Freud ist »Ödipus-Freud, Sohn Jacobs«.

49 Siehe »Selbstdarstellung«, GW XIV, 34.

50 Ebd.

51 *Traumdeutung*, GW II-III, 487.

52 Freud an Silberstein, 9. September 1875, Freud Collection, D2, LC.

53 Freud an Silberstein, 24. Januar 1875. Ebd.

54 Jones hat dies treffend formuliert: Freuds »Loslösung von diesem [Brückes] Einfluß bestand nicht darin, daß er den Prinzipien abschwor, sondern daß er die Fähigkeit erwarb, sie empirisch auf geistige Erscheinungen anzuwenden und dabei auf jede anatomische Grundlage zu verzichten ... Brücke wäre erstaunt gewesen, gelinde gesagt, wenn er gewußt hätte, daß einer seiner Lieblingsschüler, der augenscheinlich zum strengen Glauben konvertiert war, später, in seiner berühmten Wunschtheorie der Psyche, die Ideen von ›Zweck‹, ›Absicht‹ und ›Ziel‹ in die Wissenschaft zurückholen sollte, die gerade aus dem Universum

vertrieben waren. Wir wissen jedoch, daß Freud, als er sie zurückholte, imstande war, sie mit den Prinzipien zu versöhnen, mit denen er aufgewachsen war; er gab nie den Determinismus um der Teleologie willen auf.« *Jones* I, 45.

55 Siehe ebd., I, 292.

56 »Nachwort« zu *Die Frage der Laienanalyse* (1927), GW XIV, 290.

57 Du Bois-Reymond, »Über die Grenzen des Naturerkennens« (1872), in *Reden von Emil Du Bois-Reymond*, 2 Bde., hrsg. v. Estelle Du Bois-Reymond (1885; 2. erw. Ausg. 1912), I, 461.

58 Siehe u. a. »Voltaire als Naturforscher« (1868) und »Zu Diderots Gedächtnis« (1884) in ebd., I, 318–48, und II, 283–300.

59 Siehe Peter Gay, *The Enlightenment: An Interpretation*, 2 Bde. (1966, 1969), passim, besonders II, 98–125.

60 Turgot an Buffon, Oktober 1748. Anne-Robert-Jacques Turgot, Baron d'Aulne, *Œuvres de Turgot et documents le concernant*, hrsg. v. G. Schelle, 5 Bde. (1913–23), I, 111.

61 Condillac, *Traité des systèmes, Œuvres*, I, 141.

62 Siehe »Eine Schwierigkeit der Psychoanalye« (1917), GW XII, 3–12. Ist es ein Zufall oder hatte Freud Du Bois-Reymonds Arbeit über »Darwin und Kopernikus« (1883) gelesen, in der er Darwin »den Kopernikus der organischen Welt« nennt? Du Bois-Reymond, *Reden*, II, 244.

63 Siehe z. B. *Zukunft einer Illusion*, GW XIV, 379.

64 Ebd., 378.

65 Freud an Stefan Zweig, 17. Oktober 1937. *Briefe*, 454.

66 *Zukunft einer Illusion*, GW XIV, 380.

67 »Über eine Weltanschauung«, *Neue Folge der Vorlesungen*, GW XV, 197.

68 *Zukunft einer Illusion*, GW XIV, 352.

69 *Voltaire's Notebooks*, hrsg. v. Theodore Besterman, 2 Bde., fortlaufend paginiert (1952), 45.

70 Zitiert in Shelby T. McCloy, *Gibbon's Hostility to Christianity* (1933), 37.

71 Freud an Ferenczi, 20. April 1919, Freud-Ferenczi Correspondence, Freud Collection, LC.

72 Freud an Pfister, 25. November 1928. *Freud-Pfister*, 135.

73 James, *The Varieties of Religious Experience: A Study in Human Nature* (1902), 204 f.

74 Im psychoanalytischen Setting bezeichnete Freud solch ein unstatthaftes Engagement als Gegenübertragung, als unbewußte emotionale Bindung des Analytikers an seinen Analysanden, welche die Analyse zu vereiteln drohe.

75 *Das Unbehagen in der Kultur* (1930), GW XIV, 506.

76 Freud an Jones, 28. Mai 1919 (auf Englisch). Freud Collection, D2. LC.

2. Auf der Suche nach der gemeinsamen Grundlage

1 »Relativismus«: Emil Pfennigsdorf, *Praktische Theologie*, 2 Bde. (1929–30), II, 597; »Urteil über den christlichen Glauben«: Emil Abderhalden, »Sigmund Freuds Einstellung zur Religion«, *Ethik*, V (1928–29), 93.

2 Anonym, »Psychoanalyse und Religion«, *Süddeutsche Monatshefte*, XXV (1928), in A. J. Storfer, »Einige Stimmen zu Sigm. Freuds ›Zukunft einer Illusion‹«, *Imago*, XIV (1928), 379.

3 Niebuhr, *The Nature and Destiny of Man: A Christian Interpretation*, 2 Bde. (1941, 1943), I, 36, 55.

4 Krass, 22. Januar 1928. »Psychoanalyzing the Psychoanalyst«, *The New York Times*, 23. Januar 1928. Zitiert in Ronald Clark, *Sigmund Freud*, S. Fischer Verlag, Frankfurt am Main 1981, 528.

5 Mordecai M. Kaplan, *Judaism as a Civilization: Toward a Reconstruction of American Jewish Life* (1934; Ausg. 1967), 309 f.

6 Freud an Pfister, 9. Februar 1909. *Freud-Pfister*, 12. f.

7 Hoffer, Nachruf auf Pfister, *Int. Jl. of Psycho-Anal.*, XXXIX (1958), 616.

8 Siehe seinen autobiographischen Aufsatz in Erich Hahn, (Hrsg.), *Die Pädagogik der Gegenwart in Selbstdarstellungen*, Bd. II (1927), 161–207, besonders 162–67.

9 Pfisters Artikel »Das Elend unserer wissenschaftlichen Glaubenslehre« erschien in *Schweizerische Theologische Zeitschrift*, XXI (1905), Heft 4.

10 Pfister, *Pädagogik der Gegenwart*, 168 ff.

11 Hoffer, Nachruf auf Pfister, *Int. Jl. of Psycho-Anal.*, XXXIX (1958), 616.

12 Freud an Pfister, 18. Januar 1909. *Freud-Pfister*, 11.

13 Anna Freud, Vorbemerkungen zu *Freud-Pfister*, 10. Datiert von 1962.

14 Pfister an Freud, 30. Dezember 1923. Ebd., 94 f.

15 Freud an Eitingon, 3. Oktober 1913. Mit Genehmigung der Sigmund Freud Copyrights, Wivenhoe.

16 Freud an Fließ, 7. Mai 1900. *Freud-Fließ*, 453.

17 Siehe z. B. Abraham an Freud, 16. Juli 1914, *Freud-Abraham*, 178.

18 Pfister an Freud, 21. Oktober 1927, *Freud-Pfister*, 117.

19 Freud an Eitingon, 3. April 1928. Mit Genehmigung der Sigmund Freud Copyrights, Wivenhoe

20 Freud an Pfister, 16. Oktober 1927. *Freud-Pfister*, 116.

21 Pfister an Freud, 21. Oktober 1927. Ebd., 117.

22 Pfister an Freud, 24. November 1927. Ebd., 121 f.

23 Freud an Pfister, 25. November 1934. Ebd., 155.

24 Freud an Rafael da Costa, 2. Mai 1939. Freud Museum, London.

25 Freud an Pfister, 27. März 1937. *Freud-Pfister*, 157. In einem kurzen Briefwechsel mit dem spanischen Baptisten Abel de Castro, einem Lehrer und Journalisten, der in anspruchsvollen Publikationen Wege zu finden suchte, Religion und Wissenschaft zu versöhnen, schlug Freud diesen Ton erneut an: »Ich nehme an, Sie denken streng religiös«, schrieb Freud auf Englisch, »hätten Sie Kenntnis von meiner Einstellung zur Religion, wäre Ihre persönliche Haltung zu mir weniger freundlich.« Mit Genehmigung der Sigmund Freud Copyrights, Wivenhoe (dieser Briefwechsel ist in *Int. Rev. of Psycho-Anal.*, VI [1979], 437–40, veröffentlicht worden: »Four Recently Discovered Letters by Freud to a Portuguese Correspondent«).

26 Freud an Pfister, 16. Februar 1929. *Freud-Pfister*, 139.

27 Pfister an Freud, 29. Oktober 1918. Ebd. 64. Als Anna Freud nach Jahren auf diesen Brief zurückkam, fand sie ihn unverständlich: »Was in der Welt meint hier Pfister eigentlich«, schrieb sie an Ernest Jones, »und warum will er darüber diskutieren, daß mein Vater Jude war, statt die Tatsache zu akzeptieren?« Anna Freud an Ernest Jones, 12. Juli 1954. Jones Papers, Archives of the British Psycho-Analytical Society, London.

28 Jahre später kam Freud auf diese Passage zurück und schrieb an Pfister, er erinnere ihn an den Klosterbruder, der in Lessings »Nathan« diesem, dem idealisierten jüdischen Weisen, ein Kompliment zu machen glaubt, als er ihn einen Christen nennt: »Ich bin lange nicht Nathan«. Freud an Pfister, 16. Februar 1929. *Freud-Pfister*, 140.

29 Siehe Pfister an Freud, 24. November 1927. Ebd., 121–25.

30 Siehe Pfister, »Neutestamentliche Seelsorge und psychoanalytische Therapie«, *Imago*, XX (1934), 425–43.

31 Doch von Anfang an wollte Freud seine Ideen grundlegend von denen Pfisters unterschieden wissen. »Ich habe, wie Sie zugeben«, schrieb er Pfister 1910, »viel für die Liebe getan, aber daß sie auf dem Grund aller Dinge ruht, kann ich nach meiner Erfahrung nicht bestätigen, es sei denn, man rechnete, was psychologisch richtig ist, den Haß dazu.« Freud an Pfister, 17. März 1910, *Freud-Pfister*, 33 f.

32 Freud an Jung, 6. Dezember 1906. *Freud-Jung*, 13.

33 Siehe »Vorwort« zur vierten Auflage der *Drei Abhandlungen zur Sexualtheorie* (1920), GW V, 32. Darin wird ein Aufsatz von Max Nachmansohn, »Freuds Libidotheorie verglichen mit der Eroslehre Platos«, zitiert, aus *Int. Z. für Psychoanal.*, III (1915), 65–83.

34 Pfister, *Die Frömmigkeit des Grafen Ludwig von Zinzendorf* (1910; 2. Aufl. 1925), 114; *Die Liebe bei Kindern und ihre Abirrungen: Ein Buch für Eltern und Lehrer* (1922), 555.

35 Für ein solches Zugeständnis siehe *Christentum und Furcht: eine Studie über die Geschichte und über die Psychologie und Hygiene der Religion* (1944), 184.

36 Pfister, »Die Psychoanalyse als wissenschaftliches Prinzip

und als seelsorgerische Methode«, *Evangelische Freiheit*, X (1910), 196f.

37 Siehe Pfister, *Die Frömmigkeit des Grafen Zinzendorf*, 116, 107.

38 Freud an Pfister, 17. Juni 1910. *Freud-Pfister*, 39.

39 Pfister, *Pädagogik der Gegenwart*, 171f. Er fügt fairerweise hinzu, daß seine »heftigsten Gegner, um nicht zu sagen Feinde« nicht die Theologen seien, sondern die Experimentalpsychologen.

40 Siehe Joachim Scharfenberg, *Sigmund Freud und seine Religionskritik als Herausforderung für den christlichen Glauben* (1968; 3. Aufl. 1971), 29.

41 Pfister an Freud, 14. März 1921. Mit Genehmigung der Sigmund Freud Copyrights, Wivenhoe.

42 Pfister an Freud, 24. Oktober 1921. Ebd.

43 Pfister an Freud, 6. Mai 1927. Ebd.

44 Cyrill Forster Garbett, »Introduction« zu O. Hardman (Hrsg.), *Psychology and the Church* (1925), XI.

45 Marr, *Sex in Religion: A Historical Survey* (1936), 194ff.

46 Tillich, »The Idea and the Ideal of Personality« (1929), in Tillich, *The Protestant Era* (1951), 148f. Ich sollte vielleicht darauf hinweisen, daß Tillich in seiner umfassenden, vergleichsweise undifferenzierten Geschichte des modernen europäischen Geistes dazu neigte, den Begriff »Psychoanalyse« ziemlich allgemein zu definieren.

47 Storfer, »Einige Stimmen zu Freuds ›Zukunft einer Illusion‹«, 378.

48 Siehe »The Theological Significance of Existentialism and Psychoanalysis« (1955), in Tillich, *Theology of Culture*, hrsg. v. Robert C. Kimball, 112–25.

49 Ebd., 119ff. Tillichs Behauptung, Freud sei ein therapeutischer Optimist gewesen, hätte diesen verblüfft.

50 Niebuhr, *Nature and Destiny of Man*, I, 45 Anm.–46 Anm.

51 Tournier, *Guilt and Grace: A Psychological Study* (1958), 63. In einem anderen charakteristischen Kanzeltext nimmt Tournier einen noch strengeren Standpunkt ein, indem er Freuds Entdeckungen abwägt und ihm arge Fehler unterstellt. Er schreibt ihm den Versuch zu (den er gemeinsam

mit Rousseau, Nietzsche und Marx unternommen habe), die Menschheit von der Schuld zu befreien, was so viel heiße, wie sie von Überzeugungen zu befreien. *The Whole Person in a Broken World* (1947; Übers. von John und Helen Doberstein, 1965), 24. Tournier bringt es zwar über sich einzugestehen, daß »wir ihm [Freud] dankbar sind für sein wissenschaftliches Werk«, aber fügt er sogleich hinzu, »wir müssen andererseits erkennen, daß keine notwendige Verbindung besteht zwischen seinen wissenschaftlichen Beiträgen und den philosophischen Anschauungen, die er daraus ableiten zu müssen glaubte. In seinem wissenschaftlichen Werk war er ein Genie, das ein glänzendes Licht auf die psychologischen Mechanismen warf, die im Unbewußten tätig sind, was sein Schüler Dr. Charles Odier ›Funktionen‹, im Unterschied zu ›Werten‹, nennt. Und doch behauptete er daraufhin, daß alle geistigen Werte, Religion, Moral, Poesie, auf diese Funktionen reduzierbar sein sollen ... So kam Freud dazu, alle Werte zu leugnen« (87f.). In seiner Analyse stellt Tournier Freud in eine ziemlich zusammengewürfelte Gesellschaft: »Wir können Kommunismus, Nazismus, Existentialismus oder Freudianismus als Symptome einer tiefgehenden Krankheit der Welt ansehen, aber auch als Zeichen ihrer Reaktion gegen diese Krankheit« (89f.).

52 Piper, *The Christian Interpretation of Sex* (1942), 213f.

53 Biddle, *Integration of Religion and Psychiatry* (1956), 1–2, IX, 2. Dies stimmt natürlich mit dem überein, was Freuds Neffe Harry Freud meinte, als er seinen Onkel als antireligiös, aber keineswegs als Atheisten bezeichnete.

54 Lee, *Freud and Christianity* (1948; Ausg. 1967), 9.

55 Ebd., 98.

56 Ebd., 154, 161.

57 Ich schließe mich hier Scharfenberg an, der treffend bemerkt hat: »Damit überträgt Lee die entscheidende theologische Frage, was als christlich oder unchristlich zu betrachten sei, auf die Psychologie. Seine Gleichung lautet: unchristlich gleich unreif-neurotisch; christlich gleich reifgesund.« *Freud und seine Religionskritik*, 32.

58 Katz, Nachdruck von »Aspects of Pastoral Psychology and the Rabbinate«, aus *Pastoral Psychology*, V (Oktober 1954), 7 nicht numerierte Seiten.

59 Siehe dazu die Eintragung in seinem *Tagebuch* unter dem 4. April 1922. Franz Rosenzweig, *Briefe und Tagebücher*, hrsg. v. Rachel Rosenzweig und Edith Rosenzweig-Scheinmann, in Zusammenarbeit mit Bernhard Casper, 2 Bde. (1979), II, 770. Ferner seinen Brief an Ernst Simon, 18. Dezember 1926. Ebd., 1114.

60 Siehe Grete Schaeder in Martin Buber, *Briefwechsel aus sieben Jahrzehnten*, hrsg. v. Schaeder, 3 Bde. (1972–75), I, 37, 94. Ferner Buber an Martin Gerson, 30. August 1928, ebd., II, 322, und an Maurice Friedmann, 12. Dezember 1956, ebd., III, 403. Der vielleicht respektabelste Leser Freuds, der mir unter den Rabbinern begegnet ist, war der kultivierte konservative Rabbi Milton Steinberg, der in seinen Predigten gern Ruskin und Pater und T. S. Eliot zitierte und gelegentlich anerkennend auf die »moderne Psychologie« und sogar auf die »Freudsche Psychologie« anspielte. Siehe besonders: »Inviting the North Wind« und »If the Dead Comes Back: A Post-yizkor Fantasy«, in Bernard Mandelbaum (Hrsg.), *From the Sermons of Rabbi Milton Steinberg: High Holydays and Major Festivals* (1954), 176, 198.

61 Kushner, *Freud – A Man Obsessed* (1967), 17, 47.

62 Ebd., 138.

63 Ebd., 41.

64 Amsel, *Rational Irrational: Man Torah Psychology* (1970); siehe auch sein früheres Werk *Judaism and Psychology* (1969).

65 Klein, *Psychology Encounters Judaism* (1979), 8.

66 Ebd., 9.

67 Rosenberg, *More Loves than One: The Bible Confronts Psychiatry* (1963), 22, 25.

68 Ebd., 44, 109. Während Rosenbergs Ton, wie wir gesehen haben, nicht ganz feindselig ist, verschaffte er doch einigen seiner entschiedensten anti-freudianischen Lesern große Genugtuung. So lobte der eminent reformistische Rabbi

und Zionist Abba Hillel Silver Rosenbergs Buch auf dem Umschlag als »solide, gelehrt, unbeeindruckt von den biologisch deterministischen Philosophien und den pseudowissenschaftlichen psychoanalytischen Begriffen unserer Tage«. Zugleich war sich Silver jedoch seines Anti-Freud-Standpunkts nicht ganz sicher. So konnte er in seinem Buch *Where Judaism Differed: An Inquiry into the Distinctiveness of Judaism* (1961) schreiben: »Die neuen Wissenschaften der Psychoanalyse und Psychotherapie fußen auf der Theorie, daß man dem Menschen helfen kann, sein Leben, seine Einstellungen, sein Verhalten und folglich sein Schicksal zu ändern, sobald man ihm neue Einsichten und ein klareres Verständnis seiner selbst, seiner Geschichte und seiner Fähigkeiten vermittelt.« Diese beiden neuen Wissenschaften sind (oder waren 1961) für Silver willkommene Auswege aus dem Fatalismus (siehe S. 252). Vielleicht hatte Emerson recht: Folgerichtigkeit mag in der Tat das Schreckgespenst kleiner Geister sein.

69 Katz, »Aspects of Pastoral Psychology and the Rabbinate«.

70 Als ein solches Beispiel siehe Robert L. Katz, »Becoming a Friend to Myself: With a Little Help from Sigmund Freud, Erich Fromm and Martin Buber«, in Edward A. Goldman (Hrsg.), *Jews in a Free Society: Challenges and Opportunities* (1978), 84–102. Ein Beispiel für seinen Eklektizismus ist seine Arbeit *Empathy: Its Nature and Uses* (1963).

71 Ein solches Beispiel war Abraham N. Franzblau, Arzt und prominenter Pastoralpsychiater. Die in Psychiatrie und Religion bestehenden »Bereiche wechselseitiger Möglichkeiten der Hilfe für die Menschheit«, schrieb er 1956, seien dazu »bestimmt«, »sich auszuweiten, sobald die Praktiker auf beiden Feldern sich gegenseitig besser verstehen und enger zusammenarbeiten«. In der Tat würden sich die Grenzbereiche verbreitern, und beide Teile könnten daraus »größere Stärke und Effektivität beziehen«. Nach Franzblau treffe dies »für den Judaismus im großen und

ganzen mehr zu als für die meisten anderen Religionen, und am meisten für den liberalen Flügel innerhalb des Judaismus, wo es weniger Konflikte zwischen psychoanalytischen und religiösen Lehren gibt als anderswo«. Franzblau in Simon Noveck (Hrsg.), *Judaism and Psychiatry: Two Approaches to the Personal Problems and Needs of Modern Man* (1956), 191 f.

72 Fan Loth Liebman, »Preface« (datiert von 1965) zu Joshua Loth Liebman, *Hope for Man: An Optimistic Philosophy and Guide to Self-Fulfillment* (1966), 8.

73 Joshua Loth Liebman, »A Creative Partnership«, in Liebman (Hrsg.), *Psychiatry and Religion* (1948), 27.

74 Ebd., 13, 64.

75 Für seine liebevolle Witwe war Joshua Loth Liebman ein wahrer Renaissance-Mensch: »*Peace of Mind* ist so betont – und natürlich ganz richtig – an der modernen Psychiatrie orientiert, daß viele gedacht haben, Dr. Liebmans Interesse außerhalb der Religion habe ganz in der Psychologie gelegen. Psychologie war natürlich eines seiner Hauptinteressen – aber nur eines. Tatsächlich hat er seinen Doktorgrad in Philosophie, seiner ersten Liebe, erworben; er war in vielen Bereichen der Literatur gründlich belesen; er hatte ein mehr als gelegentliches Interesse an Musik und Kunst; er war kein reiner Neuling in Physik und Mathematik; und er war stets wohl bewandert in Politik, in nationalen und internationalen Fragen. Unter seinen Freunden waren zahlreiche Wissenschaftler und Senatoren, Künstler und Romanciers, Universitätspräsidenten, Nobelpreisträger und natürlich viele geistige Führer aller Glaubensrichtungen.« Fan Loth Liebman, »Preface«, 6 f.

76 Liebman, *Peace of Mind* (1946), 180.

77 Ebd., 179. Während Liebman die biographischen Umstände, die er im Sinn hatte, nicht näher bezeichnete, rückt ihn das Argument doch in die Nähe jener, die, wie der Psychoanalytiker Gregory Zilboorg und andere, die Wurzeln für Freuds antireligiöse Einstellung in seiner frühen Kindheit entdeckt zu haben glaubten. Ich zitiere noch ein-

mal Dr. Abraham Franzblau: Einer der »tieferen« Gründe für Freuds Atheismus waren »vielleicht seine Reaktionen als Kind von drei Jahren auf die frustierende Episode, als sein altes katholisches Kindermädchen, dem er sehr zugetan war, von ihm ging. Dies mag folglich ein Faktor in der Ablehnung all dessen gewesen sein, was in der Erinnerung mit dem Kindermädchen assoziiert war – alle Orthodoxien und was er sonst in der Folgezeit über die Religion erfahren sollte.« In Noveck (Hrsg.), *Judaism and Psychiatry*, 184. Für andere Spekulationen auf dieser reduktionistischen Linie siehe oben, S. 71 f.

78 Ebd., 19.

79 Ernest Jones, *Free Associations: Memories of a Psycho-Analyst* (1959), 210.

80 Jones an Freud, 31. August 1911. Mit Genehmigung der Sigmund Freud Copyrights, Wivenhoe.

81 Fromm, *Psychoanalysis and Religion* (1950), 99.

82 Ebd., 25.

83 Ebd., 87, Hervorhebungen im Original.

84 Ebd., 118 f.

85 Ebd., 119.

86 Ebd.

87 Brierley, *Trends in Psycho-Analysis* (1951), 87, 118 f.

88 Ebd., 18, 174 f., 100, 155, 204.

89 »Die sittlichen Grenzen der ärztlichen Forschungs- und Behandlungsmethoden«, Ansprache vom 14. September 1952; Abschnitte daraus in Johannes Cremerius (Hrsg.), *Die Rezeption der Psychoanalyse in der Soziologie, Psychologie und Theologie im deutschsprachigen Raum bis 1940* (1981), 296.

90 Zilboorg, »Psyche, Soul, and Religion«, letztes Kapitel von *Mind, Medicine, and Man* (1943), abgedruckt in *Psychoanalysis and Religion* (1967), 45.

91 Zilboorg, »Scientific Psychopathology and Religious Issues« (1953), in ebd., 105.

92 Freud an Putnam, 8. Juli 1915.

93 Freud an Ferenczi, 10. Juli 1915. Briefwechsel Freud-Ferenczi, Freud Collection, LC.

94 Meissner, *Psychoanalysis and Religious Experience* (1984), VII, 19, 240.
95 Freud an Singer, 31. Oktober 1938, *Briefe*, 469.

3. Die Frage einer jüdischen Wissenschaft

1 Roback, *Jewish Influences in Modern Thought* (1929), 160.
2 McDougall, *Is America Safe for Democracy?* (1921), 127. Ich sollte bemerken, daß McDougall ausdrücklich die antisemitischen Rassentheorien verwarf, die damals im Schwange waren (siehe ebd., 27–33), und daß er beteuerte, Freud hochzuschätzen. In einer Reihe von Vorlesungen zur Kritik der Psychoanalyse an der Universität London 1935 erklärte McDougall: »Damit kein Mißverständnis hinsichtlich meiner Haltung zu Professor Freud aufkommt, füge ich hinzu, daß er meinem Urteil nach ein großer Mann ist, moralisch wie geistig; ich schätze und bewundere ihn sehr.« Wenn, bemerkt er, »meine Kritik rücksichtslos ist, so ist sie trotzdem ganz freundlich, und sie erhebt den Anspruch, konstruktiv zu sein. Wenn ich von all den rivalisierenden Systemen der Psychologie als Gegenstand meines kritischen Angriffs das System von Freud gewählt habe, so nicht deshalb, weil ich seine Ansichten der Kritik für bedürftiger halte als andere, sondern vielmehr deshalb, weil ich Freuds System für dasjenige halte, das eine ehrliche Kritik am meisten verdient.« *Psycho-Analysis and Social Psychology* (1936), 17 Anm., VI. Dem Leser sei verziehen, wenn er vor sich hin sagen sollte: Mit solchen Freunden brauche Freud keine Feinde.
3 Anna Freud, Antrittsvorlesung (gelesen in Jerusalem im August 1977 von Arthur F. Valenstein). *Int. Jl. of Psycho-Anal.*, LIX (1978), 148. Der Absatz scheint die Hörer tief berührt zu haben. Ein Teilnehmer, Paul Schwaber, schrieb: »Die Leute zögerten, stutzten, wunderten sich: eine jüdische Wissenschaft! Es kam in der Rede völlig unvorbereitet. Doch unter den Umständen in der Hebräischen Universität – ein Ehrentitel. Ihre Zurückhaltung be-

wahrend, aber auf dem Höhepunkt emphatisch, wandte sich Anna Freud dem alten Streitpunkt zu, unerwartet, Werte umwertend. Die Qualität der unerwarteten Erklärung läßt erkennen, daß die Spannung nicht gelöst worden ist, sondern daß man nur anders mit ihr umgegangen ist. Nichtsdestoweniger sprach Anna Freud, freilich immer noch mit angemessener Distanz, eine Haltungsänderung an. Ein historischer Augenblick.« »Title of Honor: The Psychoanalytic Congress in Jerusalem«, *Midstream*, XXIV (März 1978), 32.

4 David Feuchtwang an Freud, 7. April 1931. Freud Museum, London.

5 Freud an Abraham, 3. Mai 1908. Briefwechsel *Freud-Abraham*, 47.

6 Freud an Ferenczi, 28. Juli 1912. Briefwechsel Freud-Ferenczi, Freud Collection, London.

7 Siehe Stekel, *The Autobiography of Wilhelm Stekel: The Life Story of a Pioneer Psychoanalyst*, hrsg. v. Emil A. Gutheil (1950), 128. Für eine weniger melodramatische, offensichtlich auch genauere Darstellung siehe Fritz Wittels, *Sigmund Freud: The Man, His Personality and His School* (1924), 139 f.

8 Freud an Abraham, 3. Mai und 23. Juli 1908. *Freud-Abraham*, 47, 57.

9 Freud an Ferenczi, 8. Juni 1913. Briefwechsel Freud-Ferenczi, Freud Collection, London.

10 Freud an Ernst Kris, 7. Juni 1931. (Ich verdanke diesen Brief Dr. Anna K. Wolff.)

11 Freud an die Hebräische Universität Jerusalem, Mai 1936. Freud Collection, London.

12 Freud an »Sehr geehrter Herr«, 27. Januar 1925. Anna Freud diktiert und von ihr mit Maschine geschrieben. Mit Genehmigung der Sigmund Freud Copyrights, Wivenhoe.

13 Eitingon an Freud, 1. Oktober (1913). Mit Genehmigung der Sigmund Freud Copyrights, Wivenhoe.

14 Freud an J. Dwossis, Jerusalem, 15. Dezember 1930. Maschinengeschriebene Transkription, Freud Museum, London.

15 Freud an L. Jaffe, 20. Juni 1935. Maschinengeschriebene Transkription, ebd.

16 »Selbstdarstellung«, GW XIV, 34.

17 Freuds Situation scheint ziemlich typisch gewesen zu sein. Ein jüdischer Kommentator klagte gegen Ende des 19. Jahrhunderts, als er von Österreich sprach: »Es ist wahr, der jüdische Vater unserer Zeit sorgt mit lobenswertem Eifer für die allgemeine Erziehung seines Sohnes. Aber er kümmert sich äußerst wenig um seine jüdische Erziehung. Der jüdische Vater, allzusehr auf die Karriere seines Sohnes bedacht, ist der Meinung, daß sogar die zwei oder drei Stunden in der Woche, die dem Unterricht in der hebräischen Sprache und der Bibel gewidmet werden, weit vorteilhafter auf andere Studien verwandt werden könnten.« I. Singer, *Presse und Judentum* (2. Aufl. 1882), 14, zitiert in Johannes Barta, *Jüdische Familienerziehung: Das jüdische Erziehungswesen im 19. und 20. Jahrhundert* (1974), 76.

18 Als Beispiel von mehreren siehe »Vorrede zur hebräischen Ausgabe« von *Totem und Tabu* (geschrieben 1930, veröffentlicht 1934), GW XIV, 569. Ein weiteres Beispiel: »Leider kann ich nicht Hebräisch lesen.« Freud an J. Dwossis, 11. Dezember 1938. Maschinengeschriebene Transkription, Freud Museum, London.

19 Freud an J. Dwossis, Jerusalem, 15. Dezember 1930. Maschinengeschriebene Transkription, Freud Museum, London.

20 Martin Freud, »Who was Freud?«, Josef Fraenkel (Hrsg.), *The Jews of Austria: Essays on their Life, History, and Destruction* (1967), 203.

21 Siehe ebd., 203 f.

22 Freud an Isaac Landman, 1. August 1929. Maschinengeschriebene Transkription, Freud Collection, London.

23 »Vorrede zur hebräischen Ausgabe«, GW XIV, 569.

24 Freud an Enrico Morselli, 18. Februar 1926. *Briefe*, 380.

25 »A Religious Experience« (1928), Englisch im Original.

26 Freud an Morselli, 18. Februar 1926. *Briefe*, 380.

27 Siehe Freud an Fließ, 22. Juni 1897. *Freud-Fließ*, 271.

28 *Der Witz und seine Beziehung zum Unbewußten* (1905), GW VI, 51.

29 Siehe »Contribution to a Questionnaire on Reading« (1907) SE IX, 245 ff.

30 Roback, *Jewish Influences in Modern Thought*, 160 f.

31 Bakan, *Sigmund Freud and the Jewish Mystical Tradition* (1958). Für eine kurze, aber meiner Ansicht nach entscheidende Kritik siehe Marthe Robert, *From Oedipus to Moses: Freud's Jewish Identity* (1976), 171 f. Freud hat einmal in einem Brief an Jung auf seinen »jüdischen Mystizismus« angespielt und seinen Aberglauben an »verhängnisvolle« Zahlen eingestanden. Freud an Jung, 16. April 1909. *Freud-Jung*, 242–43.

32 Baruk, »La signification de la Psychanalyse et le Judaïsme«, *Revue d'Histoire de la Médicine Hébraïque*, XIX (1966), 58.

33 Siehe Freud an Abraham, 20. Juli 1908. *Freud-Abraham*, 56. Abraham seinerseits meinte, die Psychoanalyse zeige, wenn nicht gerade mystische, so doch wenigstens talmudistische Merkmale. »Schließlich«, schrieb er Freud, »kann die talmudische Art zu denken nicht plötzlich aus uns geschwunden sein.« In Freuds Buch über den Witz war er fasziniert von einer Passage, deren intellektueller Stil, Gegenüberstellung und Aufbau, »völlig talmudisch« sei. Abraham an Freud, 11. Mai 1908. Ebd., 48 f. Dies war, glaube ich, nicht Freuds Absicht gewesen.

34 Freud an Ehrenwald, 14. Dezember 1937. Maschinengeschriebene Transkription, Freud Museum, London. Anfang 1930 rückte Freud in seinem Schreiben, mit dem er den Empfang von Robacks Buch *Jewish Influences in Modern Thought* bestätigte, von dem Bild ab, das der Autor von ihm als einem der »intellektuellen Souveränen« des Judentums, zu denen auch Bergson und Einstein gehörten, entworfen hatte, und erklärte sich mit Robacks Charakterisierung nicht einverstanden: »In manchen Ihrer Behauptungen erkenne ich mich nicht (zum Beispiel ›mystical leanings‹ hat mir noch niemand vorgeworfen . . .).« Doch aus Höflichkeit fügte er hinzu: »Es wird Sie interes-

sieren zu hören, daß mein Vater tatsächlich aus chassidischem Milieu stammte. Er war einundvierzig Jahre alt, als ich geboren wurde, und seinen heimatlichen Beziehungen seit fast zwanzig Jahren entfremdet. Ich wurde so unjüdisch erzogen, daß ich heute nicht einmal imstande bin, Ihre offenbar in jüdischer Schrift gehaltene Widmung zu lesen. In späteren Jahren habe ich dieses Stück Unbildung oft bedauert.« Doch Freud konnte sich durch Roback nicht ernstlich getroffen fühlen; sein »mannhaftes Eintreten für unser Volk« nötigte ihm eine gewissen Bewunderung ab. Freud an Roback, 20. Februar 1930. *Briefe*, 412.

35 Freud an Barbara Low, 19. April 1936 (in englischer Sprache), *Briefe*, 443.

36 Freud an Mitglieder des B'nai B'rith (6. Mai 1926), Ebd., 341.

37 Freud an Ferenczi, 30. März 1922. Briefwechsel Freud-Ferenczi, Freud Collection, London.

38 »Vorrede«, GW XIV, 569.

39 Siehe Freuds kurze Erörterung jüdischer »Intellektualität« in *Der Mann Moses und die monotheistische Religion*, *SE* XXIII, 111–15.

40 Roback, *Jewish Influences in Modern Thought*, 196 f.

41 Sadger in der »Psychologischen Mittwoch-Gesellschaft«, 30. Januar 1907. *Protokolle*, I, 93.

42 Jones, *Free Associations*, 209.

43 Freud in der »Mittwoch-Gesellschaft«, 30. Januar 1907. *Protokolle*, I, 95.

44 »Selbstdarstellung«, GW XIV, 35.

45 »Die Widerstände gegen die Psychoanalyse« (1925), GW XIV, 110.

46 Freud an Mitglieder des B'nai B-rith (6. Mai 1926), *Briefe*, 381 f.

47 Jones, *Free Associations*, 208 f.

48 »Selbstdarstellung«, GW XIV, 34.

49 Freud an die Mitglieder des B'nai B'rith, 6. Mai 1926. *Briefe*, 381.

50 Dieses Interview wurde vier Jahre später in Buchform ver-

öffentlicht. George Sylvester Viereck, *Glimpses of the Great* (1930), 34.

51 Siehe Darwin an Joseph D. Hooker, 17. Juni 1856, 3. Januar 1860; Darwin an Charles Lyell, 5. Dezember 1859; Darwin an A. R. Wallace, 9. Juli 1871, Francis Darwin (Hrsg.), *The Life and Letters of Charles Darwin*, 2 Bde. (1887), I, 431 f.; II, 54, 35, 323 f. Darwin an Hooker, 16. September 1871, Francis Darwin (Hrsg.), *More Letters of Charles Darwin*, 2 Bde. (1903) I, 332 f.

52 Siehe Darwin an Charles Lyell, 24. März 1860. *Life and Letters*, II, 91; Darwin an J. S. Henslow, 8. Mai 1860. *More Letters*, I, 149; Darwin an Asa Gray, 22. Mai 1860. *Life and Letters*, II, 107; Darwin an J. D. Hooker, 5. Juni 1860. Ebd. II, 110.

53 Darwin an T. H. Huxley, 2. Dezember 1860. *Life an Letters*, II, 147.

54 Darwin an J. S. Henslow, 14. Mai 1866, *More Letters*, I, 150.

55 Darwin an J. L. A. Quatrefagues, 11. Juli 1862. Ebd. I, 202.

56 Sir Gavin de Beer (Hrsg.), *Darwin's Journal, Bulletin of the British Museum (Natural History)*, Historical Series, II (1959), 9.

57 Siehe Ralph Colp, *To Be an Invalid: The Illness of Charles Darwin* (1977), 23. Colps Studie ist die maßgebende Arbeit über Darwins Gesundheitszustand.

58 Darwin an J. D. Hooker, 16. Januar 1869, *More Letters*, II, 379.

59 Siehe Freud an Ernest Jones, 23. September 1927. Freud Collection, D2, LC.

60 Freud an Jung, 15. November 1907, *Freud – Jung*, 108.

61 Darwin an A. R. Wallace, 12. Juli 1871. *Life and Letters*, II, 326.

62 Bleuler an Freud, 4. Dezember 1911. Freud Collection, D2, LC.

63 »Widerstände gegen die Psychoanalyse«, GW XIV, 110.

64 Freud an Arnold Zweig, 8. Mai 1932. *Briefe*, 426.

65 Freud an Jones, 7. März 1926. Freud Collection, D2, LC.

66 Anonym an Freud, 26. Mai 1939. Freud Museum, London.

67 Diese Eigenschaft Freuds will ich erörtern und ausführlich dokumentieren in einer Biographie: *Freud: A Life for Our Time* (in Vorbereitung; deutsch bei S. Fischer, Frankfurt am Main.)

68 *Der Mann Moses und die monotheistische Religion* (1939), GW XVI, 210.

69 Freud an Arnold Zweig, 28. Juni 1938. *Freud – Zweig*, 172. Freud gebraucht den alten Ausdruck »Volksgenosse«, der später von den Nazis mißbraucht wurde, in beißender Ironie auf seine jüdischen Mitbürger.

70 Freud an J. Dwossis, 11. Dezember 1938. Freud Museum, London.

71 Freud an Charles Singer, 31. Oktober 1938. *Briefe*, 469.

72 Privatmitteilung an den Autor, 8. Mai 1984.

73 Siehe Martha Freud an Ludwig Binswanger, 7. November 1939, und Martha Freud an Paul Federn, undatiert (Anfang November 1939). Beide mit Genehmigung der Sigmund Freud Copyrights, Wivenhoe.

Literaturverzeichnis

Dieses Verzeichnis besteht aus drei Teilen: aus der Sammlung von Manuskripten, die ich zu Rate gezogen habe, aus Titeln, die ich im Text anführe oder zitiere (bei einer Anzahl von ihnen füge ich eigene Kommentare hinzu), und anderen Büchern und Aufsätzen, die sich beim Schreiben des Buches als instruktiv, anregend, kritikwürdig und in der einen oder anderen Weise als wertvoll erwiesen haben. Der dritte Abschnitt erhebt keinen Anspruch auf Vollständigkeit; vor allem als ich für die Einleitung den »Krieg zwischen Wissenschaft und Religion« skizzierte und mich im Kapitel 3 mit Freuds jüdischer Umwelt beschäftigte, habe ich mit mehr Material gearbeitet, als ich hier aus Platzgründen anführen kann. Während ich die Autoren in der üblichen Weise alphabetisch anordne, habe ich bei mehreren Eintragungen für ein und denselben Autor die Titel chronologisch zusammengestellt.

I. Manuskriptsammlungen

Archives of the British Psycho-Analytical Society, London
Korrespondenz zwischen Anna Freud und Ernest Jones (Jones Papers).

Sigmund Freud Copyrights, Wivenhoe
Korrespondenz zwischen Freud und Ludwig Binswanger, Max Eitingon, Ernest Jones, Oskar Pfister und Stefan Zweig und verschiedene andere Briefe.

Freud Museum, London
Verschiedene Briefe von und an Freud, von und an Briefpartner in Palästina und anderswo.

Manuscript Division, Library of Congress, Washington, D. C. Korrespondenz zwischen Freud und Eugen Bleuler und Sándor Ferenczi, Briefe an Eduard Silberstein und verschiedene andere Briefpartner.

II. Im Text angeführte und zitierte Titel

Abderhalden, Emil, »Sigmund Freuds Einstellung zur Religion.« *Ethik*, V (1928–29), 91–101.

Amsel, Avrohom, *Judaism and Psychology* (1969).

Rational Irrational: Man Torah Psychology (1976). Fromme jüdische Psychologie, explizit kontrastiert mit Freuds Unfrömmigkeit.

Anderson, Camilla M., *Beyond Freud: A Creative Approach to Mental Health* (1958). Essay eines christlichen Arztes.

Bakan, David, *Sigmund Freud and the Jewish Mystical Tradition* (1958). Siehe meine kritischen Anmerkungen im Text auf S. 139 f.

Bachtin, Michail, *Le Freudisme* (1927). Wichtige marxistische Psychoanalyse-Kritik, höchstwahrscheinlich ganz oder überwiegend von B., obwohl der Name seines Mitarbeiters Volochinov auf dem Titelblatt steht. (S. dazu Katerina Clark u. Michael Holquist unten.)

Balmary, Marie, *Psychoanalyzing Psychoanalysis: Freud and the Hidden Fault of the Father* (1979). Eine höchst kritische, phantasievolle Bemühung, Freuds Methode auf ihn selbst anzuwenden und ihn als jemanden zu porträtieren, der sein ganzes Leben mit ödipalen Fragen gerungen hat; der Text konzentriert sich auf Widersprüche, Auslassungen und Unstimmigkeiten, die Balmary entdeckt haben will.

Barta, Johannes, *Jüdische Familienerziehung: Das jüdische Erziehungswesen im 19. und 20. Jahrhundert* (1974). Die Arbeit beschäftigt sich mit der Frage der »Familienerziehung« im modernen Judentum in seinem kulturellen und politischen Kontext, behandelt aber auch Schulen.

Baruk, Henri, »La signification de la psychanalyse et le

Judaïsme«, *Revue d'Histoire de la Médicine Hébraïque*, XIX (1965), 15–28, 53–65.

Biddle, W. Earl, *Integration of Religion and Psychiatry* (1956). Eine redliche Arbeit eines gläubigen Arztes.

Birk, Kasimir, *Sigmund Freud und die Religion* (1970). Ein sorgfältiger Überblick über die römisch-katholische Reaktion auf Freuds Auffassungen des Glaubens.

Brierley, Marjorie, *Trends in Psycho-Analysis* (1951).

Buber, Martin, *Briefwechsel aus sieben Jahrzehnten*. Hrsg. v. Grete Schaeder, 3 Bde. (1972–75). Eine ausgezeichnete, wenn auch nicht vollständige Edition mit einem exzellenten langen Einführungsessay von der Herausgeberin.

Cassirer, Ernst, *Die Philosophie der Aufklärung* (1932). Eine klassische Arbeit.

Chadwick, Owen, *The Secularization of the European Mind in the Nineteenth Century* (1975). Eine sehr persönliche immens anregende Darstellung der europäischen Religionsgeschichte von einem eminenten englischen Kirchenhistoriker.

Charteris, Evan, *The Life and Letters of Sir Edmund Gosse* (1931). Weitgehend überholt durch Ann Thwaites Biographie (s. unten).

Clark, Katerina u. Michael Holquist, *Michail Bachtin* (1984).

Clark, Ronald, *Freud: The Man and the Cause* (1980); dt. Ausgabe: *Sigmund Freud*, S. Fischer Verlag GmbH, Frankfurt am Main 1981. Eine weitgespannte Biographie, am stärksten bei Freuds Privatleben.

Colp, Ralph, *To be an Invalid: The Illness of Charles Darwin* (1977). Das Standardwerk über Darwins viele Krankheiten.

Condillac, Etienne Bonnot de, *Traité des systèmes* (1751). In *Œuvres*, hrsg. v. Georges Le Roy, 3 Bde. (1947–51), Bd. I.

Cornell, John, »What is a religious painting?« (Manuskript, 1986). Gelungene Studie über die deutsche Religiosität an der Jahrhundertwende.

Darwin, Francis (Hrsg.), *The Life and Letters of Charles Darwin*. 2 Bde. (1887).

More Letters of Charles Darwin. 2 Bde. (1903).

de Beer, Sir Gavin (Hrsg.), *Darwin's Journal, Bulletin of the British Museum (Natural History)*. Historical Series, II (1959).

Diderot, Denis, »Encyclopédie«. In *Œuvres complètes*, hrsg. v. Jules Assézat und Maurice Tourneux, 20 Bde. (1875–77), XIV, 414–503.

»*Fait*«. In Ibid., XV, 1–6.

Correspondance. Hrsg. v. Georges Roth, 16 Bde. (1955–70).

Draper, John William, *History of the Conflict between Religion and Science* (1874).

Du Bois-Reymond, Emil, »Voltaire als Naturforscher« (1868). In *Reden von Emil du Bois-Reymond*, 2 Bde., hrsg. v. Estelle Du Bois-Reymond (1885; 2. erw. Aufl. 1912), I. 318–48.

»Über die Grenzen des Naturerkennens« (1872), ibid., I, 441–73.

»Darwin und Kopernicus« (1883), ibid., II, 243–48.

»Zu Diderots Gedächtnis« (1884), ibid., 285–300.

Engels, Friedrich, *Socialism: Utopian and Scientific* (Übers. Edward Aveling, 1892; Ausg. 1935).

Feuerbach, Ludwig, *Das Wesen des Christenthums* (1841; 2. Aufl. 1843).

Fleming, Donald, *John William Draper and the Religion of Science* (1950). Das Standardwerk.

Franzblau, Abraham N., In *Judaism and Psychiatry: Two Approaches to the Personal Problems and Needs of Modern Man*, hrsg. v. Simon Noveck (1956). Ein Pastoralpsychiater auf der Suche nach Annäherung der beiden im Titel genannten Themen.

Freud, Anna, »Inaugural Lecture« (August 1977). *Int. Jl. of Psycho-Anal.*, LIX (1978), 145–48.

Einführungsbemerkung zu *Freud-Pfister* (s. u.).

Freud, Harry, Interview mit Richard Dyck. »Mein Onkel Sigmund.« *Aufbau*, 11. Mai 1956, S. 3. Aufschlußreich, aber nicht ganz verläßlich.

Freud, Martin, »Who was Freud?« In *The Jews of Austria: Essays on their Life, History, and Destruction*, hrsg. v. Josef Fraenkel (1967), 197–211.

Freud, Sigmund, *Traumdeutung* (1900), *Gesammelte Werke* (von nun an *GW*), II–III.

»Obituary of Professor S. Hammerschlag« (1904), *GW* IX, 255 f. Ein anrührender Tribut an Freuds Religionslehrer.

Der Witz und seine Beziehung zum Unbewußten (1905), *GW* VI. Drei Abhandlungen zur Sexualtheorie (1905; 6. Aufl. 1925), *GW* V, 29–145.

»Contribution to a Questionnaire on Reading« (1907), *SE* IX, 245 ff.

»Bemerkungen über einen Fall von Zwangsneurose« (1909), *GW* VII, 381–463.

»Bemerkungen über die Übertragungsliebe« (1915), *GW* X, 306–21.

»Eine Schwierigkeit der Psychoanalyse« (1917), *GW* XII, 3–12.

»Aus der Geschichte einer infantilen Neurose« (geschr. 1914, veröff. 1918), *GW* XII, 29–157.

»Selbstdarstellung« (geschr. 1924, veröff. 1925), *GW* XIV, 33–96.

»Die Widerstände gegen die Psychoanalyse« (1925), *GW* XIV, 99–110.

Die Frage der Laienanalyse (1926), *GW* XIV, 209–96.

Die Zukunft einer Illusion (1927), *GW* XIV, 325–80.

»A Religious Experience« (1928), *GW* XXI, 167–72 (Englisch im Original).

Das Unbehagen in der Kultur (1930) *GW* XIV, 419–506.

»Über eine Weltanschauung«, *Neue Folge der Vorlesungen zur Einführung in die Psychoanalyse* (1932), *GW* XV, 170–97.

»Preface to the Hebrew Translation« von *Totem und Tabu* (geschr. 1930, veröff. 1934), *GW* XIII, xv.

Der Mann Moses und die monotheistische Religion: Drei Abhandlungen (1939), *GW* XVI, 101–246.

Briefe 1873–1939, hrsg. v. Ernst L. und Lucie Freud (1960; 2. Aufl. 1968).

Freud, Sigmund und Karl Abraham, *Briefe 1907–1926.* Hrsg. v. Hilda C. Abraham und Ernst L. Freud (1965). Sehr gekürzt. Die Briefe müssen in Verbindung mit den unveröffentlichten Briefen in den Abraham Papers, Library of Congress, Washington, D.C., gelesen werden.

Freud, Sigmund und Wilhelm Fließ, *Sigmund Freud. Briefe an Wilhelm Fließ, 1887–1904.* Ungekürzte Ausgabe. Hrsg. v. Jeffrey Mousaieff Masson, deutsche Ausgabe von Michael Schröter und Transkriptionen von Gerhard Fichtner (1986). Die deutsche Ausgabe hat bessere Anmerkungen.

Freud, Sigmund und C. G. Jung, *Briefwechsel.* Hrsg. v. William McGuire (1974).

Freud, Sigmund und Oskar Pfister, *Briefe 1909–1939.* Hrsg. v. Ernst L. Freud und Heinrich Meng (1963). Unvollständige Edition, die mit den unveröffentlichten Briefen in der Sigmund Freud Copyrights, Wivenhoe, aufgefüllt werden muß.

Freud, Sigmund und Arnold Zweig, *Briefwechsel.* Hrsg. v. Ernst L. Freud (1968). Auch hier gilt das über die Ausgaben *Freud-Abraham* und *Freud-Pfister* Gesagte. Unveröffentlichte Briefe bei Sigmund Freud Copyrights, Wivenhoe.

Fromm, Erich, *Psychoanalysis and Religion* (1950). Gut geschriebener populärer Text.

Garbett, Cyril Forster, Bishop of Southwark, »Introduction«. In *Psychology and the Church* (1925), hrsg. v. O. Hardman, ix–xiv.

Gay, Peter, *Voltaire's Politics: The Poet as Realist* (1959). *The Enlightenment: An Interpretation*, 2 Bde. (*The Rise of Modern Paganism* [1966] und *The Science of Freedom* [1969]).

Gomperz, Theodor, *Essays und Erinnerungen* (1905).

Griffiths, Richard, *The Reactionary Revolution: The Catholic Revival in French Literature*, 1870–1914 (1966). Eine kompetente Studie über Schriftsteller wie Joris-Karl Huysmans, Charles Péguy, Paul Claudel und andere.

Haeckel, Ernst, *Die Welträtsel* (1899). Ein einst berühmter Text aus der antireligiösen Schule der deutschen Biologen und »monistischen« Philosophen.

Hale, Nathan G., Jr., (Hrsg.), *James Jackson Putnam and Psychoanalysis: Letters between Putnam and Sigmund Freud, Ernest Jones, William James, Sándor Ferenczi, and Morton Prince, 1877–1917* (1971). Eine splendide, sorgsam edierte Sammlung von Briefen.

Hausdorff, Don, *Erich Fromm* (1972). Enthält einiges gutes Material, vor allem aus Fromms frühem Leben.

Hoffer, Willi, Obituary of Oskar Pfister. *Int. Jl. of Psycho-Anal.*, XXXIX (1958), 616f.

Hume, David, *A History of England from the Invasion of Julius Caesar to the Revolution in 1688* (1754–62; 8 Bde., Ausg. 1780).

Huxley, Leonard (Hrsg.), *Life and Letters of Thomas Henry Huxley*, 2 Bde. (1900).

James, Henry (Hrsg.), *The Letters of William James*, 2 Bde. (1920).

James, William, »Reflex Action and Theism« (1881). In *The Will to Believe and Other Essays in Popular Philosophy* (1897), 111–44.

»The Will to Believe« (1896), in ibid., 1–31.

The Varieties of Religious Experience: A Study in Human Nature (1902).

Jones, Ernest, *The Life and Work of Sigmund Freud*, 3 Bde. (1953–57); dt. Ausgabe: *Das Leben und Werk von Sigmund Freud*, 3 Bde., Bern (1960–62). Mit all seinen Mängeln immer noch die Standardbiographie.

Free Associations: Memories of a Psycho-Analyst (1959). Sehr interessant, wenn auch nicht ganz freimütig.

Kaplan, Mordecai M., *Judaism as a Civilization: Toward a Reconstruction of American-Jewish Life* (1934); Ausg. 1967).

Katz, Robert L., »Aspects of Pastoral Psychology and the Rabbinate«. A pamphlet reprint from *Pastoral Psychology* V (Oktober 1954), 7 nicht numerierte Seiten. Ein kompetenter Kurzüberblick.

Empathy: Its Nature and Uses (1963). Eine interessante psychologische und religiöse Studie.

»Becoming a Friend to Myself: With a Little Help from Sigmund Freud, Erich Fromm, and Martin Buber.« In *Jews in a Free Society: Challenges and Opportunities* (1978), hrsg. v. Edward A. Goldman, 84–102. Ein eklektischer Essay.

Kautsky, Karl, *Die materialistische Geschichtsauffassung*, 2 Bde. (1927).

Klein, Joel, *Psychology Encounters Judaism* (1979). In dieser Begegnung sind Freud und seine Psychologie die Verlierer, ohne sich wehren zu können.

Küng, Hans, *Freud und die Zukunft der Religion* (1987). Vorlesungsreihe, aus einer ganz anderen Perspektive als der dieses Buches.

Kushner, Martin, *Freud – A Man Obsessed* (1967). Der Titel suggeriert den Geist dieses Machwerks.

Lee, R. S., *Freud and Christianity* (1948; Ausg. 1967). Vielleicht der überzeugendste (oder am wenigsten nicht überzeugende) Versuch, Freud und Christus zusammenzubringen.

Liebman, Fan Loth, »Preface« (datiert von 1965) zu Joshua Loth Liebman, *Hope for Man: An Optimistic Philosophy and Guide to Self-Fulfillment* (1966). Lobpreis einer Witwe.

Liebman, Joshua Loth, *Peace of Mind* (1946). Der erstaunliche Bestseller über Freud von dem Rabbi, aus der Zeit um 1946 und später.

(Hrsg.), *Psychiatry and Religion* (1948). Ein Gemeinschaftswerk.

Hope for Man, siehe Liebman, Fan Loth.

Marr, G. Simpson, *Sex in Religion: A Historical Survey* (1936)

Mava do Valle, Maria Alice, Orlando Silva Santos, Francisco Alvim, Pedro Luzes, »Four Recently Discovered Letters by Freud to a Portuguese Correspondent. A Contribution to the Pre-History of Psycho-Analysis in Portugal«. *Int. Rev. of Psycho-Anal.*, VI (1979), 437–40.

McCloy, Shelby T., *Gibbon's Hostility to Christianity* (1933).

McDougall, William, *Is America Safe for Democracy?* (1921) *Psycho-Analysis and Social Psychology* (1936). Meinungsbildend, einflußreich, nicht ganz feindselig.

Marx, Karl, Introduction to »Contribution to the Critique of Hegel's *Philosophy of Right*«. In *The Marx-Engels Reader*, hrsg. v. Robert C. Tucker (1972; 2. Aufl. 1978), 53–65.

Meissner, W. W., *Psychoanalysis and Religious Experience* (1984). Eine jüngere Abhandlung, ganz anders als meine.

Niebuhr, Reinhold, *The Nature and Destiny of Man: A Christian Interpretation*, 2 Bde. (1941, 1943).

Noveck, Simon, *siehe* Franzblau, Abraham N.

Nunberg, Herman und Ernst Federn (Hrsg.), *Protokolle der Wiener Psychoanalytischen Vereinigung*, 4 Bde. (1976–81); S. Fischer Verlag GmbH, Frankfurt am Main. Wichtige Quelle.

Outler, Albert C., *Psychotherapy and the Christian Message* (1954).

Pfenningsdorf, Emil, *Praktische Theologie*, 2 Bde. (1929–30).

Pfister, Oskar, »Das Elend unserer wissenschaftlichen Glaubenslehre«. In *Schweizerische theologische Zeitschrift*, XXI (1905), Heft 4.

»Die Psychoanalyse als wissenschaftliches Prinzip und als seelsorgerische Methode«. In *Evangelische Freiheit*, X (1910), 66–73, 102–13, 137–46, 190–200.

Die Frömmigkeit des Grafen Ludwig von Zinzendorf (1910; 2. Aufl. 1925).

Love in Children and Its Aberrations. A Book for Parents and Teachers (1922; übers. v. Eden und Cedar Paul, 1924).

»Oskar Pfister«. In *Die Pädagogik der Gegenwart in Selbstdarstellungen*, hrsg. v. Erich Hahn, 2 Bde. (1926–27), II, 161–207.

»Neutestamentliche Seelsorge und psychoanalytische Therapie«. *Imago*, XX (1934), 425–43.

Christianity and Fear: A Study in the History and in the Psychology and Hygiene of Religion (1944; übers. v. W. H. Johnston, 1948).

Philp, H. C., *Freud and Religious Belief* (1956). Ein weiterer Vertreter dieses großen Genres.

Piper, Otto A., *The Christian Interpretation of Sex* (1942).

Pius XII., »Die sittlichen Grenzen der ärztlichen Forschungs- und Behandlungsmethoden«. Ansprache vom 14. September 1952, auszugsweise in *Die Rezeption der Psychoanalyse in der Soziologie, Psychologie und Theologie im deutschsprachigen Raum bis 1940*, hrsg. v. Johannes Cremerius (1981), 296.

Roazen, Paul, *Erik H. Erikson: The Power and Limits of a Vision* (1976).

Roback, A. A., *Jewish Influences in Modern Thought* (1929). Einer der entschiedensten Versuche, Freuds Wissenschaft zu einer jüdischen zu machen.

Robert, Marthe, *From Oedipus to Moses: Freud's Jewish Identity* (1974; übers. v. Ralph Manheim, 1976). Elegant begründet, wohlinformiert, ein wertvolles Gegengewicht zu Interpretationen wie der von Bakan; doch exzessiv geneigt, Freuds »jüdische Identität« im Sinne seiner intimen familiären Erfahrung zu deuten.

Roberts, Henry L., *Russia and America: Dangers and Prospects* (1956).

Rosen, George, »Freud and Medicine in Vienna«. In *Freud: The Man, His World, His Influence*, hrsg. v. Jonathan Miller (1972), 21–39. Kurze, aber bei weitem gründlichste Behandlung der medizinischen Welt um Freud.

Rosenberg, Stuart E., *More Loves than One: The Bible Confronts Psychiatry* (1963). Ausdruck gemischter Gefühle über Freud.

Rosenzweig, Franz, *Briefe und Tagebücher*, hrsg. v. Rachel Rosenzweig und Edith Rosenzweig-Scheinmann, unter Mitarbeit von Bernhard Casper, 2 Bde., (1979). Die bisher beste Edition.

Scharfenberg, Joachim, *Sigmund Freud und seine Religionskritik als Herausforderung für den christlichen Glauben* (1968; 3. Aufl. 1971). Ein exzellenter, sehr informativer Essay, der Freud aus christlicher Perspektive richtig darzustellen versucht.

Schwaber, Paul, »Title of Honor: The Psychoanalytic Congress in Jerusalem«. In *Midstream*, XXIV (März 1978), 26–35. Ein lebhafter Bericht über den Internationalen Kongreß von 1977, Schauplatz der Erklärung Anna Freuds über die Psychoanalyse als eine jüdische Wissenschaft.

Silver, Abba Hillel, *Where Judaism Differed: An Inquiry into the Distinctiveness of Judaism* (1961). Enthält eine Reihe von zustimmenden (und ziemlich überraschenden) Sätzen über die Psychoanalyse.

Steinberg, Milton, *From the Sermons of Rabbi Milton Steinberg: High Holydays* (sic!) *and Major Festivals*, hrsg. v. Bernard Mandelbaum (1954).

Stekel, Wilhelm, *The Autobiography of Wilhelm Stekel: The Life Story of a Pioneer Psychoanalyst*, hrsg. v. Emil A. Gutheil (1950). Mit Vorsicht zu verwenden.

Storfer, A. J., »Einige Stimmen zu Sigm. Freuds ›Zukunft einer Illusion‹«. *Imago*, XIV (1928), 377–82. Hilfreich, kurz.

Tillich, Paul, »The Idea and the Ideal of Personality« (1920). In *The Protestant Era* (übers. v. James Luther Adams, 1951), 115–35.

»The Theological Significance of Existentialism and Psychoanalysis« (1955). In *Theology of Culture*, hrsg. v. Robert C. Kimball (1959), 112–25.

Tournier, Paul, *Guilt and Grace: A Psychological Study* (1958; übers. v. Arthur W. Heathcote und anderen, 1962).

The Whole Person in a Broken World (1947; übers. v. John und Helen Doberstein, 1965). Der Arzt als Gläubiger; beide Freud etwas bewundernd und sehr skeptisch.

Turgot, Anne-Robert-Jacques, Baron d'Aulne, *Œuvres de Turgot et documents le concernant*, hrsg. v. G. Schelle, 5 Bde. (1913–23).

Viereck, George Sylvester, *Glimpses of the Great* (1930).

Volochinov, V. N., *siehe* Bachtin, Michail.

Voltaire, *Lettres philosophiques sur les Anglais* (1734; zahlreiche Aufl.)
Notebooks, hrsg. v. Theodore Besterman, 2 Bde., fortlaufend paginiert (1952).

Wartofsky, Max W., *Feuerbach* (1977). Die beste moderne Studie.
Werman, David S., »Sigmund Freud and Romain Rolland«. In *Int. Rev. of Psycho-Anal.*, IV (1977), 225–41.
White, Andrew Dixon, *Autobiography*, 2 Bde. (1900).
Wittels, Fritz, *Sigmund Freud: The Man, His Personality, and His School* (1924; übers. v. Eden und Cedar Paul, 1924). Die erste Biographie, voller Irrtümer, aber keineswegs nutzlos.

Zilboorg, Gregory, »Psyche, Soul, and Religion«. Letztes Kapitel von *Mind, Medicine, and Man* (zuerst veröffentlicht 1943), in Zilboorg, *Psychoanalysis and Religion*, hrsg. v. Margaret Stone Zilboorg (1967), 19–53.
»Scientific Psychopathology and Religious Issues« (1953). In ibid., 104–16.
»Love in Freudian Psychoanalysis« (1953). In ibid., 117–39.

III. Andere interessante Titel

Andrea, Stefan, *Pastoraltheologische Aspekte der Lehre Sigmund Freuds von der Sublimierung der Sexualität* (1974). Eine »Abrechnung« mit Freud aus römisch-katholischer Sicht.
Anzieu, Didier, *Freud's Self-Analysis* (1959; 2. Aufl. 1975; übers. v. Peter Graham, 1986). Erschöpfende Studie über Freuds frühe Jahre, hauptsächlich mit Hilfe seiner Träume.

Barzun, Jacques, *A Stroll with William James* (1983). Ein anziehendes Plädoyer für James von einem Bewunderer.
Bergmann, Martin S., »Moses and the Evolution of Freud's

Jewish Identity«. In *The Israel Annals of Psychiatry and Related Disciplines*, XIV (März 1976), 3–26. Ein wichtiger Aufsatz; redlich, gefühlvoll und umfassend.

Bitter, Wilhelm (Hrsg.), *Vorträge über das Vaterproblem in Psychotherapie, Religion und Gesellschaft* (1954). Obwohl hauptsächlich an Jung orientiert, enthält das Buch auch Material aus Freudscher Perspektive.

Boyer, John W., *Political Radicalism in Late Imperial Vienna: Origins of the Christian Social Movement, 1848–1897* (1981). Ein exzellenter, detaillierter Bericht über die politische Kultur, in der der Wiener Antisemitismus blühte.

Buber, Martin, »Schuld und Schuldgefühle« (1957). In *Werke*, I (1962), 475–502. Einer der seltenen Hinweise bei Buber auf Freud.

Cockshut, A. O. J. (Hrsg.), *Religious Controversies of the 19th Century: Selected Documents* (1966). Eine schöne Anthologie, die wichtige Beiträge für meine Erörterung des Krieges zwischen Wissenschaft und Religion enthält.

Cronbach, Abraham, »The Psychoanalytic Study of Judaism«. In *Hebrew Union College Annual*, VIII-IX (1931–32), 605–745. Detaillierter, uninspirierter Überblick.

Cuddihy, John Murray, *The Ordeal of Civility: Freud, Marx, Lévi-Strauss, and the Jewish Struggle with Modernity* (1974). Ringt mannhaft mit Freuds Säkularismus (in Teil I), doch wenn er Freud als einen »Ostjuden« darstellt (S. 17), stürzt der Autor in vorhersehbare Konfusionen. Seine Deutung des »Es« als »Jid« – der Jude wird gehaßt, weil er unakzeptierte Impulse anderer repräsentiert – ist, die Taktfrage beiseite gelassen, durchaus bedenkenswert.

Darwin, Charles, *The Correspondence of Charles Darwin*, I, *1821–1836*, hrsg. v. Frederick Burkhardt und Sydney Smith (1985). Eine große Edition, die alle früheren Sammlungen übertreffen wird.

Dittes, James E., »Beyond William James«. In *Beyond the Classics? Essays in the Scientific Study of Religion* (1973), hrsg. v. Charles Y. Glock und Phillip E. Hammond,

291–349. Ein hervorragendes Papier über das religiöse Denken von James eines prominenten Religionspsychologen.
Dolles, Wilhelm, *Das Jüdische und das Christliche als Geistesrichtung* (undatiert, 1925?). Ein Angriff auf die Psychoanalyse als grundsätzlich jüdisch.

Feinstein, Howard M., *Becoming William James* (1984). Ein psychologischer, zeitweilig psychoanalytischer Bericht über die Entwicklung von James als Mann und Denker.
Flugel, J. C., *Man, Morals, and Society: A Psycho-Analytic Study* (1945). Argumentiert, daß Freuds Denken viel dazu beigetragen hat, die Religion zu unterminieren, aber nicht zu widerlegen.
Review of Marjorie Brierley, *Trends in Psycho-Analysis., Int. Jl. of Psycho-Anal.*, XXXII (1951), 259 ff. Allgemein zustimmend, aber nicht ganz unkritisch.
Forsyth, David, *Psychology and Religion: A Study by a Medical Psychologist* (1935; 2. Aufl. 1936). Ein kraftvoller Essay, ganz auf Freuds Linie, von einem englischen Analytiker, den Freud sehr schätzte.
Freud, Martin, *Sigmund Freud: Man and Father* (1958). Ein bezauberndes und aufschlußreiches Erinnerungswerk.
Freud, Sigmund, »Zur Psychologie des Gymnasiasten« (1914), *GW* X, 204–07. Aufschlußreiche Erinnerungen, die Freud in seiner üblichen Art als Anlaß für Verallgemeinerungen nimmt.

Gay, Peter, »Six Names in Search of an Interpretation: A Contribution to the Debate over Sigmund Freud's Jewishness«. In *Hebrew Union College Annual*, LIII (1982), 295–307.
Freud: A Life for Our Time (1988; bei S. Fischer in deutscher Übersetzung 1989).
Gilman, Sander, *Jewish Self-Hatred: Anti-Semitism and the Hidden Language of the Jews* (1986). Gedankenreiche, bisweilen nach meiner Einschätzung überzogene Reflexionen über ein wichtiges Thema; die Seiten über Freuds Sprache und Witze (250–69 passim) fand ich wenig überzeugend.

Ginsburg, Solomon W., *Man's Place in God's World: A Psychiatric Evaluation* (1948). Eine relativ freundliche Deutung eines Theologen.

Graf, Max, »Reminiscences of Professor Sigmund Freud«. In *Psychoanalytic Quarterly*, XI (1942), 465–76. Beredte, keineswegs ehrfurchtsvolle Kommentare über den Freud der Mittwoch-Gesellschaft.

Grinstein, Alexander, *On Sigmund Freud's Dreams* (1968). Ein wichtiger Überblick.

Grollmann, Earl A., *Judaism in Sigmund Freud's World* (1965). Ein braver, bescheidener, selten origineller Versuch, Freuds Judentum zu definieren und dessen Einfluß auf sein Werk zu bekräftigen; charakteristisch für eine wachsende Literatur.

Guirdham, Arthur, *Christ and Freud: A Study of Religious Experience and Observance* (1959). Ein Psychiater und Vitalist versucht, Freuds Ansichten zur Religion zu widerlegen.

Hammond, Guyton B., *Man in Estrangement: A Comparison of the Thought of Paul Tillich and Erich Fromm* (1965). Hilfreich für beide.

Hughes, Thomas Hywel, *Psychology and Religious Origins* (1936). Ein charakteristisches Produkt eines modernen Gottesmannes, der Freud auf faire Weise zu attackieren sucht, aber überzeugt ist, daß er »die Religion mit gelehrter Indifferenz behandelt« (S. 33); »gelehrte Verachtung« käme der Wahrheit näher.

Hull, David L., *Darwin and His Critics: The Reception of Darwin's Theory of Evolution by the Scientific Community* (1973).

Jones, Peter d'A., *The Christian Socialist Revival, 1877–1914: Religion, Class, and Social Conscience in Late-Victorian England* (1968).

Klein, Dennis B., *Jewish Origins of the Psychoanalytic Movement* (1981). Obwohl ich die These im Titel ablehne, finde ich das Material zum Teil sehr wertvoll.

Krüll, Marianne, *Freud und sein Vater. Die Entstehung der Psychoanalyse und Freuds ungelöste Vaterbindung* (1979). Gründliche Erforschung des Familienhintergrundes Freuds. Faßt jüngste Forschungsergebnisse zusammen. Ich bin skeptisch gegenüber einigen Deutungen.

LaBarre, Weston, *The Ghost Dance: The Origins of Religion* (1970). Eine brillante, kämpferische psychoanalytische Darstellung der Religion von ihren prähistorischen Anfängen als einer großen Kulturneurose.

Loewenberg, Peter, »Sigmund Freud as a Jew: A Study in Ambivalence and Courage«. In *Journal of the History of the Behavioral Sciences*, VII (1971), 363–69. Erforschung der bekannten Freud-Texte (Briefe, Erinnerungen, öffentliche Erklärungen), die zu Schlußfolgerungen kommen, die sich von meinen etwas unterscheiden.

»A Hidden Zionist Theme in Freud's ›My Son the Myops‹ Dream«. In *Journal of the History of Ideas*, XXXI (1971), 129 ff.

Loewenstein, Rudolph, *Christians and Jews: A Psychoanalytic Study* (1951). Ein führender Ich-Psychologe versucht, den Antisemitismus zu erklären.

McClelland, David C., *Psychoanalysis and Religious Mysticism*. Ein Pamphlet von 1959.

McGrath, William J., *Freud's Discovery of Psychoanalysis: The Politics of Hysteria* (1986). Eine gelehrte, höchst informative Studie über Freuds intellektuelle Entwicklung, aber ein wenig beeinträchtigt durch die These, die Psychoanalyse sei eine Art »Gegenpolitik«.

Michaelis, Edgar, *Die Menschheitsproblematik der Freudschen Psychoanalyse* (1925). Kritisches, aber nicht ablehnendes Pamphlet eines Berliner Nervenarztes.

Miller, Justin, »Interpretations of Freud's Jewishness, 1924–1974«. In *Journal of the History of the Behavioral Sciences*, XVII (1981), 357–74. Faßt ein halbes Jahrhundert an Schriften gut zusammen. Seine Deutungen, wo sie sich mit meinen überschneiden, stimmen mit meinen überein.

Money-Kyrle, Roger, *Superstition and Society* (1939). Vorle-

sungsreihe eines englischen Analytikers, der Freuds Vorstellungen über Religion verständlicher zu machen sucht.
Myers, Gerald E., *William James: His Life and Thought* (1986). Erschöpfend.

Oldfield, John J., »The Evolution of Lammenais' Catholic-Liberal Synthesis«. In *Journal for the Scientific Study of Religion*, VIII (1969), 269–88.
Oring, Elliott, *The Jokes of Sigmund Freud: A Study in Humor and Jewish Identity* (1984). Diese gewichtige Studie neigt dazu, Freuds Humor zu überinterpretieren.
Ostow, Mortimer (Hrsg.), *Judaism and Psychoanalysis* (1982). und Ben-Ami Scharfstein, *The Need to Believe* (1954).

Petuchowski, Jakob J., »Erich Fromm's Midrash on Love: The Sacred and the Secular Forms«. In *Commentary*, XXII (Dezember 1956), 543–49.
Pfrimmer, Theo, *Freud: Lecteur de la Bible* (1982). Eine nützliche Studie über Freuds Lektüre der biblischen Texte, in chronologischer Folge.
Pruyser, Paul W., *A Dynamic Psychology of Religion* (1968). Ein systematischer, höchst interessanter Überblick und eine Theorie der Religionspsychologie.
»Sigmund Freud and His Legacy: Psychoanalytic Psychology of Religion«. In *Beyond the Classics? Essays in the Scientific Study of Religion* (1973), hrsg. v. Charles Y. Glock und Phillip E. Hammond, 243–90. Ein exzellenter, informativer und suggestiver Überblick.

Rainey, Reuben B., *Freud as a Student of Religion: Perspectives on the Background and Development of His Thought* (1975). Eine gelehrte Studie, die Freuds Religionserziehung in seiner Schulzeit betont.
Rawidowicz, Simon, *Ludwig Feuerbachs Philosophie. Ursprung und Schicksal* (1931).
Reik, Theodor, *Ritual: Psycho-Analytic Studies* (1928). Eine charakteristische Reihe von Schriften über Religion aus ei-

ner streng Freudschen Perspektive, von Freud mit einem Vorwort ausgezeichnet.
From Thirty Years with Freud (übers. v. Richard Winston, 1940). Intime Erinnerungen und ein Kap. (XI) über jüdischen Humor und die Tragödie, die er zudeckt.
Jewish Wit (1962). Über Freuds Witze.

Rieff, Philip, *Freud: The Mind of the Moralist* (1959). Ein gedankenreicher, substantieller Essay mit einigen eindrucksvollen Seiten über Freud und die Aufklärung (siehe vor allem S. 286f.).

Rizzuto, Ana-Maria, *The Birth of the Living God: A Psychoanalytic Study* (1979). Faszinierende Monographie auf der Grundlage reichen klinischen Materials zur Frage, wie Patienten sich die Göttlichkeit vorstellen.

Robertson, J. M., *Explorations* (ohne Zeitangabe). Mehrere gravierende und luzide Kritiken religiösen Denkens.

Rosenberg, Ann Elizabeth, *Freudian Theory and American Religious Journals, 1900–1965* (1980).

Rosmarin, Trude Weiss, *The Hebrew Moses: An Answer to Sigmund Freud* (1939). Zorniges Pamphlet.

Rothman, Stanley und Philipp Isenberg, »Sigmund Freud and the Politics of Marginality«. In *Central European History*, VII (März 1974), 58–78. Fesselnde Diskussion, kann die These von Schorske und McGrath erschüttern (siehe unter beiden Namen).

Rubenstein, Richard, *The Religious Imagination: A Study in Psychoanalysis and Jewish Theology* (1968).

Sachs, Hanns, *Freud, Master and Friend* (1945). Wertvolle kurze Erinnerung eines engen Schülers; die Seiten über das Wiener Judentum sind lohnend.

Schaar, John H., *Escape from Authority: The Perspectives of Erich Fromm* (1961).

Schoenwald, Richard, *Freud: The Man and His Mind* (1956). Überbetont Freuds Judentum.

Schorske, Carl, »Politics and Patricide in Freud's Interpretation of Dreams«. In *American Historical Review*, LXXVIII (April 1973), 328–47; wiederveröffentlicht in *Fin-de-Siècle*

Vienna (1980), 181–207. (Dt. Ausgabe: *Wien. Geist und Gesellschaft im Fin-de-Siècle*, S. Fischer Verlag, Frankfurt am Main, 1982.) Er fand die These, daß Freud die Psychoanalyse als Reaktion auf die damalige politische Situation in Wien entwickelte.

Schur, Max, *Freud: Living an Dying* (1972). Wichtige biographische Studie von Freuds letztem Arzt, mit Kommentaren zu seinem Judentum.

Sealfeld, Hans, *Das Christentum in der Beleuchtung der Psychoanalyse* (1928). Kritisiert Pfister wegen seines »Bündnisses« mit Freud.

Selbie, W. B., *The Fatherhood of God* (1936). Studie eines Theologen, die betont, die psychologische Erklärung, der Vatergott entspringe den Kindheitsbedürfnissen, sei unzureichend und unangemessen.

Shengold, Leonard, »Freud and Joseph«. In *The Unconscious Today: Essays in Honor of Max Schur*, hrsg. v. Mark Kanzer (1971), 473–94. Eine hochinteressante Arbeit über Freuds vielfache Identifikationen mit Joseph während seines ganzen Lebens.

Siegman, Aron Wolfe, »An Empirical Investigation of the Psychoanalytic Theory of Religious Behavior«. In *Journal for the Scientific Study of Religion*, I (Oktober 1961), 74–78.

Simon, Ernst, »Sigmund Freud, the Jew«. In *Leo Baeck Institute Yearbook* II (1957), 270–305. Grundlegende, enzyklopädische, nicht ganz fehlerfreie Bemühung, auf der viele spätere Diskussionen aufbauen.

Spiro, Melford E., »Religious Systems as Culturally Constituted Defense Mechanisms«. In *Context and Meaning in Cultural Anthropology*, hrsg. v. M. E. Spiro (1965).

»Symbolism and Functionalism in the Anthropological Study of Religion«. In *Science of Religion. Studies in Methodology*, Protokolle der Studienkonferenz der Internationalen Gesellschaft für Religionsgeschichte vom 27. bis 31. August 1973 in Turku/Finnland (1973), hrsg. v. Lauri Honko, 322–93.

»Culture and Human Nature«. In *The Making of Psychological Anthropology*, hrsg. v. George D. Spindler (1978),

330–60. Diese drei Titel sind Beispiele für die anregenden Arbeiten eines Kulturanthropologen, der seinen Freud kennt und ihn wohl zu nutzen weiß.

Stokes, Allison, *Ministry after Freud* (1985).

Strout, Cushing, »The Pluralistic Identity of William James: A Psychohistorical Reading of *The Varieties of Religious Experience*«. In *American Quarterly*, XXIII (Mai 1971). Aufschlußreicher Essay eines psychoanalytisch orientierten intellektuellen Historikers.

Thouless, Robert H., *An Introduction to the Psychology of Religion* (1924). Typisch für viele solcher Titel, die zu Freuds Lebzeiten veröffentlicht wurden und der Psychoanalyse »Reduzierung der Religionslehren auf die Wunscherfüllung« vorwarfen.

Thwaite, Ann, *Edmund Gosse: A Literary Landscape, 1849–1928* (1984).

Weatherhead, Leslie D., *Psychology in the Service of the Soul* (1929). Plädoyer eines Methodisten für Kooperation zwischen Psychologen und Theologen.

Psychology, Religion, and Healing (1951; revid. Ausgabe 1955). Gründlicher historischer Überblick über alle Formen religiöser Heilungen, mit einem Kapitel über Freud und einem weiteren, das den neurotischen Charakter religiöser Erfahrung bestreitet.

Weinstein, Jacob J., »Religion Looks at Psychiatry«. In *Pastoral Psychology*, IX (November 1958), 25–32. Die hier herangezogene Psychiatrie ist der »revisionistische« Flügel von Erich Fromm und anderen.

Wellisch, E., *Isaac and Oedipus. A Study in Biblical Psychology of the Sacrifice of Isaac. The Akedah* (1954). Plädoyer eines englischen Arztes für eine »biblische Psychologie«.

Worcester, Elwood, Samuel McComb und Isador H. Coriat, *Religion and Medicine: The Moral Control of Nervous Disorders* (1908). Faszinierende Gemeinschaftsarbeit zweier Theologen und eines Arztes (Coriat), der später einer der ersten Psychoanalyse-Anhänger in den Vereinigten Staaten wurde.

Namen- und Sachregister